教师专业发展丛书

如何上好一堂公开课

本书编写组◎编

Jiaoshi Zhuanye
Fazhan Congshu

教师的专业发展，不在于理论是否高深与新颖，重要的是理论与实践的联系，让教师们从自己的日常工作中获得真实有效的经验与反思。本丛书更多地立足于教师的三尺讲台来研讨教师的专业发展，从真实可感的教学实践中探索教育的真知。

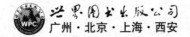

世界图书出版公司
广州 · 北京 · 上海 · 西安

图书在版编目（CIP）数据

如何上好一堂公开课 /《如何上好一堂公开课》编写组编 . —广州 ：世界图书出版广东有限公司，2011. 3（2024.2 重印）
ISBN 978 - 7 - 5100 - 3357 - 5

Ⅰ. ①如… Ⅱ. ①如… Ⅲ. ①课堂教学 - 教学法 - 中小学 Ⅳ. ①G632. 421

中国版本图书馆 CIP 数据核字（2011）第 036099 号

书　　名	如何上好一堂公开课 RU HE SHANG HAO YI TANG GONG KAI KE
编　　者	《如何上好一堂公开课》编写组
责任编辑	王　红
装帧设计	三棵树设计工作组
出版发行	世界图书出版有限公司　世界图书出版广东有限公司
地　　址	广州市海珠区新港西路大江冲 25 号
邮　　编	510300
电　　话	020-84452179
网　　址	http://www.gdst.com.cn
邮　　箱	wpc_gdst@163.com
经　　销	新华书店
印　　刷	唐山富达印务有限公司
开　　本	787mm × 1092mm　1/16
印　　张	12
字　　数	160 千字
版　　次	2011 年 3 月第 1 版　2024 年 2 月第 3 次印刷
国际书号	ISBN　978-7-5100-3357-5
定　　价	59.80 元

“教师专业发展”丛书编委会

序言

教师是一个神圣的职业，也是一个更加需要专业性的职业。这里的专业性主要体现在一个教师的教学技巧上，包括课堂的管理、对学生的培养方法、教育理念如何随着时代、环境、学生情况的变化而更替、教师自身专业知识的巩固、更新等等。

一个教师所拥有的良好的教育方法，不但可以帮助教师提高工作效率、改善教育成果，也能为师生之间建立起一座情感的桥梁。教学方法的掌握更能引发学生的学习兴趣，集中学生的注意力、激发学生的求知欲、更能让教师的工作环境、学生们的主要学习环境——课堂充满生动、活泼、自然之气氛。

为了适应新课程改革的发展和广大教师职业发展的迫切需要，我们推出了这套“教师专业发展”丛书。依照教师们在教学中遇到的、可能遇到的问题都做了面面俱到的分析和解答，为教师们提供了多种教学方法，以便参考。

培养出品学兼优的学生，一直都是所有的教师的最梦寐以求的。如何让一个好学生好上加好，让一个“坏”学生逐渐向好学生过渡、转化，都是需要教师付出大量心血和娴熟技巧的。《好学生是教出来的》《没有不好的学生，只有不好的教育》就是针对好学生的养成而策划的。它们从不同的角度进行阐述，目的就是让教师能够抓住教育的切入点，从而对症下药、因材施教。

《教育创新与课堂优化设计》与《教师课堂教学技能的培养和提高》两本书中提供了一系列的方法和技巧，来帮助我们教师如何把死板的教学变得更加鲜活，怎样把最经典的教育理念和方法融入有趣的情境中，让教师更充分地领会先进、有效的教育方法。而公开课是每一位教师都要经历的。它不仅是对教师教学水平的检验，更是教师交流和探索教学经验的平台。不管是步入教师行业的第一堂公开课，还是在教师职业上的任何一堂，都是全方位检验一个教师教学质量的试金石。所以便有了《如何上好一堂公开课》这本书。

《如何成为骨干教师》这本书明确地道出了成为一位骨干教师所要具备的基本要求，并提供了各种可以达到此标准的路径。

在此套丛书中，我们更注重的是培养广大教师的教育思想、创新精神，鼓励教师们在实践中创造性地发展，总结先进的教学模式和教学方法。毫无疑问，这些新思想、新模式、新方法势必能够使教师们极大地提高教学质量。

丛书采用了浅显的语言去解释深刻的道理，把死板的说教知识人性化、鲜活化，并运用了大量的案例来分析、点评、讲解，把先进的教育理念同有趣的情景再现融会贯通，深入浅出，娓娓道来，让教师们能够最大程度上的领会、吸收先进的教育经验。

前　言

公开课是一种面向特定人群,以公开的课程讲授形式,面向学生的公开课。除了学生参与其中外,还有学校领导及其他教师到场观摩,是教师展示授课水平,交流教学经验的好时机,同样也是检验和考验一个教师教学能力、整体教师素质的一堂关键课。

公开课对教师的职业发展有着举足轻重的作用,作为教师专业成长的一个舞台,让教师在参与中学习,在参与中提高,在参与中体验快乐。教师通过公开课,能潜入钻研教材之中,潜身于探究之中,通过备课、摩课、反思等过程,亲身经历实践感知、反思提升,并在同伴互助下突破阻碍自己发展的瓶颈。许多成名的教师都有这样一条经验:公开课磨练了自我,让自己开始走向成功。

当然,在一些阶段,由于人们没有正确对待公开课,出现了公开课变味的现象,同时,如果大规模组织公开课,也会浪费师生的精力,因而出现了一些质疑公开课的声音。但公开课的功能和意义是不容忽视的,公开课作为校本教研的一个形式,作为教师专业成长的一项内容,作为学术交流与学术研讨的一个平台,作为校际交流的一个窗口,依旧发挥着重要的作用,只是我们要客观地认识它,并利用好这一手段,正确把握“度”,不要做假,也不要为公开而公开。

对于如何上好一堂公开课,教师们要多做深刻的研究。从公开课课前的心理素质强化、课堂所用教学工具的准备到课堂上环境氛围的营造、教学技巧的发挥再到课后对公开课的深度反思，本书作了较为全面的介绍。当然，成功都是给予有准备的人，很多教学技巧和细节，都需要教师在常态课时加以注意，逐步积累经验，最终才会在公开课上驾驭自如。相信教师朋友们读完本书，对如何上好一堂公开课会有一个细致的了解，信心会更充足，当下一个公开课来到你面前时，你一定能为个人精彩的教育生涯画上点睛之笔。

目录

目录

第一章　充足的课前准备

俗话说，好的开始就意味着成功的一半。所以，对于一堂公开课来说，课前的提前准备与课堂上的临场发挥具有同样重要的意义，可以说，课前准备进行的好坏程度会直接影响到教师在课堂中发挥的好坏，这就直接关系到公开课质量的高低。因此，登上“舞台”之前的准备工作同样需要教师投入百分百的精力。从正确理解公开课的意义到对成功公开课的借鉴，到细致入微的备课，再到“开场”之前引人入胜的序幕，都是教师应该予以关注的，也是这堂公开课取得成功的重量级砝码。

第一节　认清公开课的意义

何谓公开课？公开课是相对常规课来说的，与日常教学相比，它是一个教学特例，是一种有开课目的、有研讨过程等的观摩活动，是教师间有目的地互相听课的活动。“观摩”一词源出《礼记·学记》：“相观而善之谓摩。”汉郑玄注：“摩，相切搓也。”也就是说，公开课是一种为了给大家提供一种切磋的机会而进行的典型的课例。

对公开课如何分类，目前在理论界尚无定论。但在中小学教学实践中，确实存在着不同类型的公开课。在此，依据公开课目的的不同，可以把公开课分为如下几种类型：

1. 达标型。这类公开课主要是源于职称评聘的需要。一般中小学都依据教师技术职称评定要求，对公开课做等级划分，如初级、中级、高级，对不同等级的公开课制定了不同的评价标准，教师申报相应的技术等级职称，必须先参加校内公开课考评，合格者方可取得相应的申报资格。

2. 示范型。这类公开课通常由学校骨干教师或优秀教师承担，目的是为了给其他教师，尤其是青年教师、新上岗教师做教学示范，希望借助示范教学，能有效地推广成功的教学经验，提高教师队伍的整体教学水平。

3. 展示型。也可叫总结型。这类公开课一般由承担教学科研任务的课题组成员承担，以公开课形式展示教学科研成果，既带有总结汇报性质，又带有研讨成分，希望借此获取充分的反馈意见，使教学科研进一步走向深入。

4. 竞赛型。这是一种最为常见的公开课类型，目的是为了评优评先。这类公开课竞争性强，优胜者往往能获得一定的物质或精神奖励，能在教师队伍中树立起良好的教学形象，因而备受重视。

5. 学习型。这类公开课的目的是为了诊断教师的教学能力，明了其优点和不足，并在此基础上帮助教师形成有针对性的教学改进策略，一般由青年教师承担。

公开课的作用很多，具有十分积极的意义，这主要表现为：

1. 有利于促进教师素质的提高。

首先，有利于促进教师知识水平的提高。为上好公开课，教师首先得花大力气去备好课，课前充分的知识准备就显得尤为重要。充分的知识准备既包括专业知识，也包括相关学科、交叉学科知识，当然更少不了教育理论知识。一个教师为上好一次公开课而做的知识准备，往往比平时教学要充分得多。

其次，有利于促进教师教学能力的提高。为了上好公开课，承担公开任务的教师都很注意结合自身特点，尤其是自己的薄弱环节，开展有针对性的技能技巧训练。这种训练目的明确，投入精力多，讲究方法，注意反思，因而效果十分明显。开展经常性的公开教学，教师的板书能力、普通话水平、口语表达能力、教学演示能力、师生互动能力等都能在很大程度上得到提高。公开教学常能使人获益匪浅，对此，大多数教师深有同感。

2. 有利于深化课堂教学改革。

在平时教学中，很多教师都习惯于老一套的教学方法，但为了上好公开课，教师则往往会主动去探求新的教学方法，当然，这跟现行公开课的评价标准不无相关。由于教学方法改革通常被认为是教学改革的一种重要表现，所以，目前在公开课评价标准中，大多数中小学校都对使用新的教学方法做出了硬性规定，并占有较大分值。可以说，公开课在事实上已经成为推动课堂教学改革的一种强大的外在动力，一些新的教学模式，如反思教学、活动教学、合作教学、探究教学等在公开课中经常能得到较多体现。

所以，公开课是我们每个教师所要面对的一项常规工作，它是促使教师快速成长的阶梯，更是教师群体相互学习、交流、探讨的平台。很多年轻教师都是从公开课的过程中得到了锻炼，从而使自己对教学的理解更深了一层，驾驭课堂，组织教材的能力更加娴熟。

但是，长期以来，很多人对公开课的理解存在着一些误区。有些老师对于公开课不太严肃，认为公开课是一种做秀，是表演课。而且也确实把自己的公开课设计成了一场秀台、一场表演。有的还甚至把要上的公开课在课前上了好几遍，把要问的问题以及具体学生的回答都规定得很详细，把学生彻彻底底地当了一回道具。在真正对外的公开课上，也不过是把排练好的内容再重新展示一遍罢了。

对于这样的一场秀，曾有人这样形容：公开课已经不能被说成是一个课堂了，而是一个大制作的电影。这其中有大量的人力、物力，来准备这堂课。编剧、导演、演员齐上阵，每一个环节，每一个问题，无不精雕细刻，花样百出。然后老师与学生无数次的排练，台词学生记得比课本知识都刻骨铭心。课堂上或朗读，或讨论，或辩论，或角色表演，整个过程起伏跌宕，轰轰烈烈，电影名字就叫做：课堂新八股。

这俨然是对教育界的一种讽刺、一名教师师德的讽刺、名与利的讽刺。如何抱着演戏的心态，无论台词背的多牢、环节链接的多妙、演员的表演多么出彩，都不能体现这堂公开课的真正意义。真正的公开课是对正确的分享、对错误的剖析，而不是放大优点，掩盖缺点。所以，教师们，在我们准备一堂公开课之前，一定要先认清公开课的真正含义、真正目的。这样才有可能使一堂公开课发挥它应有的作用，才能使公开课成为一种教学方法的展示，一种教学理念的传播，一种教学模式的探讨，让听课者得到启迪。

我们必须摒弃把公开课当成一个舞台、一个秀场的思想。那么对于一堂公开课的前期准备，我们教师就要从根本上抱着一种务实的思想来完成。

上一堂公开课要有务实思想。一方面，要贴近平时，也就是指教师的教学思考和行为模式都是源自自己的实际教学情况、学生的现状状况以及现有的教学条件，而并非刻意追求和使用最先进的电教设备，最精良的教学用具，最华丽的教学用语等。公开课不等于多媒体课。当然有需要的情况不该排斥先进教学工具，但是在没有必要使用的情况下，就不要刻意追求了。一支粉笔一张嘴，也可以把一节公开课上得生动活泼、线条清晰、板书精彩、气氛浓烈。学生和听课者也都能够从这堂课中受益匪浅。这就说明上好公开课，不在于你采用什么样的教学工具，最根本的是你采用什么样的方法。

另一方面，务实思想还需要公开课要服务于平时。公开课上所关注的、需要解决的问题，都应来自于平时教师司空见惯，又苦于解决不好的问题。而公开课恰恰为解决这些问题，起到了一些突破性的作用和抛砖引玉的功效，同时也使得一些处于疑惑状态的教师感到豁然开朗。比如，某种课型大家都驾轻就熟了，就没有再频繁开这种课的必要。什么课型大家觉得很棘手，没有成熟的可供参考的模式，我们就要勇敢地开这种课，在尝试中求进步。

所以，在认识了公开课的真正意义之后，教师应该坚决杜绝这样的公开课产生：

一、对学生主体地位的忽视

我们不能因为某些学生对知识掌握不好，怕他在公开课上拖大家后腿，就剥夺他参与公开课的机会。例如一个班级中有学生人数 40 人以上，而到公开课的时候，上课的学生人数只有 30 ~ 35 人。其他学生此时在哪里？又在干什么呢？他们心中也许正在期盼着能和其他同学一样到现场听课吧！

还有一种对学生主体地位有所忽略的表现是：教师所选的课题已经是学生学过的了，但还要学生们再听一遍，这就严重浪费了学生的精力、感情和时间，结果，这堂课中，学生作为配角，只是被动地配合教师表演而已。

二、课堂请勿作假

本来这堂公开课老师所选的课是八年级下学期的一节内容，但是他却借用九年级的学生来上这堂课。很难想像学生能在课堂上进行有效的合作学习，从这堂公开课中获得成功的体验。

整个教学过程全是按预设的程序进行，学生只是配合教师的表演，什么“请思考”、“小组讨论”、“收获与体会”等等，学生只是在猜想教师的意图拣需要的回答。这样的课堂根本谈不上互动性、生成性和情感沟通。

三、被神化的公开课

作为教师推出公开课本无可厚非，但过分强调了公开课的作用，总想使公开课发挥引领、示范作用，总想赋予它更多的功能。于是，做课教师便有了更多的包袱，不敢放手去搞，而只是把“磨”好的一节课四处展示，不敢创新，不敢开新课，生怕搞砸了丢面子，给公开课抹黑。这样教师也是抓住一节课反复打磨，想使其尽善尽美。

以上这三种类型的公开课是应该抵制的。在认识了公开课的真正意义之后，我们期望的是这样一种公开课：

一、真实

公开课必须真实，使广大教师能学能用。它不能像样板戏一样提前排练好，上课只是“背台词”。公开课教学的魅力就在于它的生成性、不确定性。预设与生成的矛盾，既定目标与生成目标的冲突，课堂上出现的偶发事件，这些对教师的能力都是很大的挑战。正是在解决这些矛盾的过程中使教师的教学能力得到提升，学生的学习能力得到培养。

二、把学生放在首位

不管常规课还是公开课，教师服务的对象都应该是学生。只把学生当

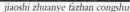

成演员或者道具就本末倒置了。我们应该把每节课的核心都定位于必须有利于学生的发展。虽然，公开课也是对教师的考察、能力的检验，但归根结底还是为了学生能够受到更好的教育。若教学失去了课堂的本真和师生的交流，忽视了学生情感、态度、价值观的教育引导，对学生有何益？对观课的教师又有何益？

公开课应使班级所有学生参与，体现学习能力不同的学生如何进行有效的合作学习。教学进度要和学生的学习内容同步，把公开课看成是正常的一节课，对学生来说只能是全新的课堂，是第一次也只能是唯一的一次，教师只能适时地引导、点拨，体现“为了每一个学生的发展”的理念，绝不能把班上的所谓的优秀学生拿来当道具、作陪衬。

三、创新

一堂好的公开课，不但能体现教师独特的教学特点，更应在教学内容与方法上有所突破，有所创新，使观课教师在课堂的生成性与不确定性方面有所启迪，而不能仅仅拘泥于打磨好的样板课。

四、公开课应展示不同的课型，体现常态教学而又高于常态教学

新课程倡导探究性学习，包括动手操作与动脑思考。但公开课上展示的较多的还是有器材的动手活动，而复习课、练习题课、作业讲评课等等常态教学中必不可少的课型却很少有人问津，而这些也正是常态教学中最难处理也最需要得到帮助的课型。

正确认识公开课需要我们真诚地去面对，了解了公开课的真谛才能进一步的细心打磨，最后才会挖掘出真正的“公开”的价值。

第二节　向名师公开课学习

人们在确立了目标，并且开始向目标迈进后去往成功的路上，如何能够走得快点？这恐怕是每个人都会思考的问题，在这个问题上，会有千千万万的答案，但有一条必然是身在其中的，那就是——站在巨人的肩膀上。所以，教师在准备公开课之前，不要在材料、备课笔记上焦头烂额了，不妨去观摩一下名师的公开课。那里就像一个无穷的宝藏，会让你受益无穷。

一堂好的观摩课，就是一堂大气磅礴、挥洒自如、内涵异常丰富、具有巨大感染力与震撼力的“大课”，也是一堂勇于挑战自我、超越自我的尝试课，它的思想的力量、精神的力量久久地激荡着孩子们的心灵，也撞击着听课老师们的心……

不过，在名师的课堂上，到底应该“观”的是什么，还是要仁者见仁智者见智，但，有几点是观摩者务必要学习、掌握的：

一、“观”师生情感的链接

在一堂公开课中，教师运用什么样的方式、方法链接师生之间的情感，关系到教师在学生心目中的地位，学生对教师的接纳和认可程度。在这种非常规的教学活动中，我们观察名师是怎样发挥情感的迁移效应的，通过教师的一言一行、一颦一笑，让学生真切地感受到老师的真爱，因为只有这样才能让学生们喜欢教师的教学内容、理念、风格。在“观”一节公开课时，我们要特别关注教师链接师生情感的方式方法。看看课前教师是通过怎样的手段来协调师生之间的关系、拉近师生之间距离的，能否通过巧妙的课前谈话为学生做好情趣共融的心理铺垫，使其满怀自信、意气风发地投入到课堂中去，课中教师的言谈举止、情绪表情、学习评价等对学生有没有激励、提趣的作用，使学生如沐春风，欣然而行。

二、“观”教学理念

很多老师不知道自己观摩名师上课、欣赏名家展示时，最主要应该思考的是公开课反映出的教学理念。在听完课后，老师们经常讨论的是：今天这节课上老师用的方法真好；名师就是名师，课堂真是太流畅了；不愧为名校的学生，跟老师配合得这么好……这些评价反映出教师们的关注点还停留在一些细节问题上，没有深入到教学理念的层次。

重视体现“教师是信息源”的课堂，反映的是知识为本的理念；突出“教与学融合”的课堂，展示的是师生互动的理念；关注学生学习状态的课堂，突现的是以生为本的理念……因此，在以课堂教学展示为重点的学习活动中，面对着精心准备的“观摩课大餐”，教师可以从中了解到当前教育教学改革的最新动态和指导理念，这是我们应明确的核心目标。

三、“观”课堂结构

关注公开课课堂学习活动的结构，是教育专家和广大教师一直来就坚持的正确的思考方向。不同教师对同样的学习材料设计的教学顺序和学习结构是不同的。这是由于不同的能力水平、不同的教学理念所造成的。

众多的教育专家和教师都有这样的认识：在学习内容基本相同的前提下，课堂结构是直接影响教学目标达成的一个最重要的变量。同一个教学目标，同一类学习内容，由于教师的素质不同，所建构的课堂结构不同，目标的达成度也肯定不同。可以说，课堂结构是教师的教学理念、教学方法、教学手段和教学艺术的综合体现。因此，欣赏观摩课要观其面对特定的教材、学生所设计的课堂结构是否合理，是否有效。

四、“观”执教者的教学艺术

课堂教学是一门艺术，而这门艺术的创作者就是我们教师自己。有的名师公开课能深深地吸引孩子和听课老师，很大一部分原因可能是为执教者的人格魅力所倾倒，被那精彩的教学艺术所吸引。特别是观摩特级教师的课，特级教师在深厚的文化底蕴和丰富的教学经验积淀下表现出来的人格魅力和高超的教学艺术，往往使在场的每一位师生倾倒，他们面对各种意外，往往能从容应对，游刃有余，重情趣、重感悟、重积累、重迁移、重习惯的教学艺术也会在每节观摩课上给人留下极深的印象。这时，我们不仅是观，还要思，要悟，要学，当然学他们的教学艺术是不可一蹴而就的事情，但如果能在每节观摩课上能学到悟到那么一点就足矣。因此在观摩课上，我们要抱着学习的态度，认真地去欣赏、去思考、去学习执教者的教学艺术，找自己与别人的差距，日积月累，自身的教学艺术也肯定会日益提高的。

除此之外，我们还应该在观摩名师公开课的时候注意以下几点：

其一，要用辨证的眼光看待各种各样的名师公开课，要学会筛选。应该说，能称得上名师的课，总是比较优秀的课，但是他们的课同样存在这样那样的问题，比如：有的观摩课倾向于“作秀”，似乎主要是上给前来听课的领导和老师看的，并不是为了学生，有些课往往把本该在后面出现的亮点提前和集中到一节课中，也有的为了一个较大的内容在一节课中完成，上得相当粗略……所以我们一定要破除盲目崇拜的心理，要学会用自己的头脑去思考，去鉴别。课堂教学的重点是什么？应该使学生学到什么？他们是怎么学的？如果我们在平时的课堂上，也一味地追求亮点和噱头，那受害的就是课堂上的孩子。

其二，在学习观摩课的过程中，要对照自己与上观摩课老师的差距，对照自己班级与观摩课上的班级的差别。每个教师总有自身的个性，每个班级也有其自己的特点，有些观摩课之所以上得非常优秀，是教师把这课上得烂熟于胸了，甚至可能上课的学生也是经过了精心的挑选，都是优秀的学生，有较强的适应能力。如果在学习的过程中，不考虑自己与上观摩课教师的区别，不考虑学生的实际情况，盲目地照搬一些设计和方法，那就不可避免地会出现尴尬。所以要想把课上好，最关键的，还是两个吃透，既要吃透教材，又要吃透学生。

各种各样的观摩课有其特殊性，如果我们把平时的课比做是家常小吃，那么，观摩课就好比是盛宴，甚至是奢华的满汉全席。我们从盛宴上借鉴其创新的新课程理念，借鉴其一两道菜的做法，以创新家常小吃，让孩子们能吃得好，吃得健康，那是欣赏观摩课后最理想的境界了。

观摩名师的公开课是上好一堂自己的公开课所必须经历的成长过程，也是名师展示独特课堂艺术、课堂魅力和特色的舞台。一直以来，很多优秀的教师心中非常仰慕名师们在观摩课上展现高超娴熟的教学技艺、深厚的文化底蕴、高尚的人格魅力。

所以，我们在观摩名师公开课的时候，不仅要从中学习其中的课堂技艺和勇气，更需要学习课堂智慧。看着名师在方寸讲台前或激情挥洒，或低声吟诵，或幽默诙谐，或斟字酌句，不仅身心倍觉轻松，更是收益良多，心底也一直在思忖：名师之所以成为名师，他们的秘诀在哪里？他们的课堂魅力在何处？

第三节　细致入微的备课

苏霍姆林斯基曾讲过一个故事，一位教师的一堂历史课上得十分精彩，令所有听课者叹为观止，下课后大家请教他有什么良方，那位老师说，我是用我的一生来备这节课的。是的，最高境界的课堂正是用一生心血去“修炼”的，师者知在先，好的备课不仅要备教材、备学生、备教法，更要备属于自己的科学、先进、有特色的教育教学理念——这些工作都需要我们用毕生的精力去完成。

回过头来看看我们教师目前的备课现状，确实还存在着这样或那样不尽人意的问题，有教师认识问题，也有对备课内涵的理解问题，当然还有教师对教材的理解、目标把握、教学技巧等方面的问题，需要引起我们的高度重视。备课备什么？怎么备？看起来是简单的问题，还是值得我们去研究的。

案例：

一次公开课的三次备课

上学期学校组织的秋季大型对外公开课，我上的内容是牛津英语八年级上 unit4 的 integrated skills——helping the animals. 上完课后的那种心情是又兴奋又轻松，更多的是在备课上课中得到锻炼和提高的充实感。回顾整个过程，我感悟到了许多。

第一次备课：我在经历了多次肯定和否定之后，终于把《helping the animals.》的教学设计定下来了。虽然还有些犹豫，但先前零碎的设想总算有了一个比较清晰的思路，几天来萦绕在心头的焦虑也减少了不少。回头审视整个教学设计，觉得还比较满意。那是我在多次阅读文本的基础上，又广泛涉猎资料，全面搜集各类专家的见解，反复对比斟酌之后确定的。我相信自己对文本挖掘的深度，对教学切入点设计的新颖，对课堂导入的生动性，对预设问题的开放性等方面都已考虑得比较深入和全面，所以，期待着这堂课能够在学校试讲中就绽放它的光彩！

一、新课导入：把男生和女生分为两组，比赛写动物的英语单词。

设计意图及效果：教师设计这样的导入，试图活跃课堂气氛，并且从学生的答案中引入本课的主题。可是事实上这个环节结束后，出现了很多问题，学生和老师都觉得这个导入生硬，没有达到预期的目标。

二、整体设计：本课是一堂听说课，我设计为听说结合，以动物的“外貌”“食物”“面临危险”“习性”为五条主线，分别开展对话练习。

设计意图及效果：让学生在听力和对话中掌握相关的词汇和短语，并且以小组活动为主，充分体现学生的主体性。但是实际上课的结果是学生的反映很平淡，甚至没有平时上课活跃。在要求进行的小组对话中总是不能顺利完成任务，我知道这次试讲已完全失败。

第二次备课：怎么会是这样呢？原先的预设不是很自然吗？这时，我的内心充满了意外和失落。不行，得推翻原先的设计，因为在反思中我清醒地发现在第一次备课中只关注了文本，关注了教师，关注了专家们的观点和感受，更是关注了教学方式的科学性，却惟独忘了去关注课堂的主角——学生。一切是那么的想当然，开放、民主，都是那么的形同虚设。不从学生的实际情况出发，又怎能引发学生的感悟，此时，任何精心的教学设计都只能是一个“空中楼阁”。

是啊，课堂教学是引导学生而不是让学生配合，教学过程不是简单的“教+学”，“一个真正关注学生发展的教学设计，会为师生在教学过程中发挥创造性提供条件，会关注学生的个体差异和为每个学生提供主动积极活动的保证，会促使课堂中多向、多种类型信息交流的产生和对及时反馈提出要求。”因而教师应该在备课时从多方面去了解学生丰富的学情、预测更多的可能，并准备应对策略，让教学设计真正服务于课堂、服务于学生。那种用一厢情愿的手法去教学生如何来演出自己的剧本的演出，只能是拙劣的。

发现了缺点也就找到了备课的方向。就从了解学生的学情入手，研究适合学生的听说课教学法等等，于是便有了第二次教学设计和实践。

一、新课导入：问题“what’s your favourite animal?” “can you say something about the animal?”

设计意图及效果：教师的导语设计从学生的已有知识出发，在复习的同时导入本课主题。实际情况也是不错的，很多学生都能开口说出动物的特征，然后自然地转入到本课“狼”和“虎”的特征。

二、整体设计：经过反复研究，我得出公开课就应该实实在在地听，实实在在地说，所以我把听力的过程设计为三步，分别为填空，判断对错和总体把握，把说的任务也落实到两个步骤：一是以“接龙”游戏的形式让学生简单重复所学内容，二是设计一个对话。

设计意图及效果：以“听”带出“说”，实实在在地训练听力，实实在在地训练口语。对学生的信息输入和输出自然连接。在上课的时候，学生从听到说，从简单的寻找答案到复杂的对话训练，气氛活跃，积极参与。

这一次试上的效果比第一次好了很多，课堂气氛很活跃，学生表现积极，基本达到预期的目标。

第三次备课：这一次学生的反响远远好于第一次，于是，我坚信：以学生实际为教学设计的主导方向一定不会有错。同时，在课后再次思考时，也发现，要在灵动的课堂上全盘顾及学生的学情并及时作出回应，这并不是一件容易的事。细细回想第二次教学设计和实践，虽然已树立了以学定教的观念，但仍有许多地方值得商榷和改进。

如1：当学生用他们的语言概括了主要内容之后，教师不应该再是简单地重复强调，而应该有更高层次的归纳。

如2：当学生在对保护动物出谋划策的时候，老师不应该全盘肯定，而是应该从实际出发，来点评。比如有学生提到不应该吃动物的肉，老师就补充说不应该吃野生动物的肉。

……

而这一切又是我的第三次备课，进一步关注学生的反映，揣摩学生的想法，在正式公开课的时候，完成了第三次“上课”。可我的思考还在继续……

通过这次公开课的三次备课，让我想起一位语文特级老师的“一篇课文，三次备课”的原型经验：第一次应该摆进自我，不看任何教学参考书和文献，全按个人见解准备方案；第二次应该广泛涉猎，分类处理各种文献的不同见解后修改方案；第三次了解学生实际，边教边改，在设想与实践的不同中再次备课。不应该在备课中忽视甚至忘记了去关注课堂的主角——学生。多次实践和思考，更让高老师看到了阅读教学存在的缺点和不足，从而找到了努力的方向：关注学情，让公开阅读课堂更精彩！

蹲下来，才能听见花开的声音。

这就是备课，它并不是简单地在课前翻翻教材就能了事的，是一个与公开课讲课过程同等重要的环节。

眼下，备课的重要性，需要引起年轻教师们的重视。

很多教师们为了上好一节课，苦苦研读文本、细细揣摩学生的学习基础，殚精竭虑地设计教法，上课时仍战战兢兢。上班初期，不敢脱离备课手册，久而久之，备课成了抄写教案，时有删减。随着时间的推移，或提前或滞后，都停留在表面，很少认真思考，难以深入下去。后来有了电子备课，愈发助长了惰性，有了网络上源源不断的共享备课资源，备课环节也就虚有其表了。

随着课改的推进，使我们教师越来越深的认识到：没有精心的备课，就没有高效的课堂；没有精心的备课，先进的教育理论就没有了实践的场所；没有了备课与课堂中的实践，又怎能有反思与继续实践的基础；没有了反思性的生活，就没有自己的教育信念，永远成不了具有鲜明个性的教师。许多名师都谆谆告诫：教师成才备课始。

备课方式，是教师一直都在探讨的问题。有的教师还不止采取了一种备课题案——A 案、B 案的形式。A 案上有这一课时的教学内容、教材分析、教学的三维目标，教学重难点和教学过程的主要环节。B 案上主要写课前对这节课预设的调整，课堂教学过程中亮点及遗憾，课后的反思与感悟。当下一次再遇到同样的内容时，A 案可以继续使用，只写 B 案即可。这样做，教师们为了方便使用，就会通过一次次的收集资料，一遍遍的处理教材、确定教法，在完成 A 案的同时，专业水平和教学设计能力必然会得到提高；通过对 B 案的使用，也能促进教师重新审视自己的教学过程，从中寻找自己的成功点和不足之处，从而激发教师们的学习热情，一路用心备课开始自我教育的幸福之旅。

当然，不论哪种形式的备课，只有教师真正认识到备课的重要性，才会去思考，去研究，才能有提高，有发展。

备课是重要的教学环节，是教师的基本功。备课是一项细致，艰苦而又富有创造性的劳动。它要达到科学性和艺术性的完美结合。那么教学质量的高低，教学效果的优与劣，在很大程度上取决于备课的粗细与深浅。大量的教学实践证明：即使教学经验丰富的老师，如果课前准备不充分，教学效果同样不理想，与此相反，有的新教师由于兢兢业业地备课，教学内容充实，教法灵活，课堂教学就能取得良好的效果。

身为一个教师，充分地备好课是重要的。因为充分备课是上好课的前提，它能够提高课堂教学质量和效果。

很多老师的教学实践都表明，教师在备课上所花工夫的多少直接影响授课的质量。就同一教师来说，进行观摩教学时，教学效果一般都比平时好，原因并非观摩教学时，教学能力提高了，而在于教师备课比平时充分得多，进行了认真的筹划和精心的设计。可以说，任何一堂成功的课，无不凝结着教师备课的心血。而备课作为教师课前准备的过程，也是教师提高知识水平和教学能力、总结教学经验的过程。教师通过一次次的收集资料，一遍遍的处理教材、确定教法，专业水平和教学设计能力就必然会得到提高。

教师的备课过程同时也是教师把可能的教学能力转化为现实的教学能力的过程。作为教师，都具备一定的专业文化水平，都或高或低的具备一定的教学能力，但这只是教师教好课的可能条件。只具备这些可能条件甚至较好的条件，如果不去备课，就不能形成某一内容的实际教学能力，也就不能顺利完成教学任务，不能使可能的教学能力得到充分的发挥。

备课过程是一种艰苦的复杂的脑力劳动过程。知识的发展、教育对象的变化、教学效益要求的提高，使作为一种艺术创造和再创造的备课变得没有止境，一种最佳教学方案的设计和选择，往往是难以完全使人满意的。因此，我们既要认识到备课的重要性，又要看到备课的艰苦性。下面我们来看一看一位语文教师是如何备课的：

如果平时我们留心思考，就会发现公开课与家常课有许多不一样的地方。对于二者的不同，有人做了这样有趣的比方：公开课是华丽的时装，家常课如朴素的布衣；公开课是精雕细刻的美玉，家常课是原生态的玉石；公开课是频频出镜的模特，家常课如默默无名的村妇；公开课是改善待遇的小灶，家常课是滋养身体的粗粮；公开课似名厨掌勺，家常课则“若烹小鲜”。这些比喻实在精彩，恰如其分地道出了公开课和家常课的区别。

如何备好一堂公开课呢？这个问题当然是智者见智、仁者见仁。经过几轮公开课的准备，我个人总结了一些经验看法，现在拿出来与大家交流，我把一堂公开课的出炉总结为四句小诗：“众里寻她千百度，庖丁解牛明思路。深挖教材加亮点，精雕细刻心有数”。

众里寻它千百度

这第一句其实可以分为两个过程：收集素材，确定重点。

收集素材就是要大量占有讲课素材。包括下载大量的课件、参考大量的教案、查阅大量的课外资料。用哲学上的话来讲就是首先占有十分丰富和合乎实际的感性材料。我在准备公开课的时候，一般都要先下载五个课件，参考三个以上教案的思路，此外还要把手头能看的相关资料全部看完。这样做的目的是想在进行材料选择的时候有更大的余地。这是讲好一节公开课的必要基础。比如说：我在讲《麦当劳中的中国文化表达》这一公开课时，我事先就下载了 7 个课件、3 篇教案。看了包括教学参考书、两本练习册的相关资料，还在网上找了很多关于麦当劳最新资料。

当然仅仅占有大量的材料还是不够的，我们还要从中进行必要的筛选，确定重点，就像鲁迅在拿来主义中说的一样，“我们不仅要占有，还要有挑选”。

庖丁解牛明思路

选好我们要参考的主体材料之后，接下来就是最重要的备课过程了。通过备课我们要深入地进到文本当中去，这一过程我们至少要完成三个任务：彻底理顺文章结构，彻底理解作者意图，彻底弄清文章思路。

但是工作到此仅仅完成了一半，因为仅仅弄清了文章的思路还不够，还需要确定讲课时的思路。一堂公开课上讲哪些内容？怎样讲这些内容？怎样把你所要讲的环节串起来？讲课者心中是需要一个明确的思路的。这就需要进行第二次精心的选材。不同的是这一次的选材的对象是文本内容，在熟悉文本的基础上确定你在公开课上要讲清的内容。选材范围显然比上一次小了，但是要求高了，所有的选材都要围绕讲课者的思路展开，合则留，不合则删。哪怕是很精彩的材料只要和讲课思路有悖也要忍痛割爱。比方说我在讲《麦当劳中的中国文化表达》一文，我通过仔细研读课文，最后把自己的讲课思路确定为：“解开一个标题，说明一个现象，得出一个结论，受到一点启示”。我把通篇文章融炼为四句话，等于是把书读薄了。讲清这四句话我这篇文章就能够讲好，当然这中间是需要一个过程的，所谓“成如容易却艰辛”。

深挖教材加亮点

经过以上两个准备过程，讲案基本上就成型了，如果把现在的东西拿到讲台是可以进行讲解的，但是肯定不会出彩。这就需要我们进行第三项工作了。这第三项工作就是在现有教案的基础上对课文进行再次深挖，并给讲案增加一些亮点，这些亮点可以是一些增加课堂趣味的小故事，经典言语的引用，或者是自己思考出来的一些启示，但是不管是什么都要起到别致新颖、让人耳目一新却又过目难忘的作用。可以说这些亮点就是你这堂公开课的标签。

我在备《麦当劳中的中国文化表达》一文时，我就抓住了“全盘西化”这个亮点做文章，我觉得这篇课文只讲麦当劳在中国的变化会使文章很平面，但是如果把“全盘西化”这个概念拓展一下，无疑会给自己的公开课增加些许亮色。于是我在讲这个概念时，先是找了胡适先生关于全盘西化的资料，又找了一个极度崇洋媚外的小笑话，又讲了菲律宾全盘西化后的恶果说明全盘西化这个观点是虚无的，是不可行的。这样一深挖，课堂的深度立显。当然课堂深度的提升是要一个度的，要以学生的理解能力为基础的。如果无限深挖反而会适得其反。

精雕细刻心有数

备课到了第三个环节，讲稿已经基本定型。如果认为到此就万事大吉那就错了，事实上，一堂公开课在没有讲完之前你需要做的工作永远都不会完。我们还需要不断修改，需要不断推敲讲稿的整体思路是否明确，研究讲稿的环节与环节之间衔接是否自然，甚至讲稿中的每一句话都需要去认真推敲。这主要是在细节上下功夫。除此之外，还要结合讲稿设想课堂上可能会出现哪些意外情况，哪些内容到课堂上可能会用不上，哪些问题的设计到时可能和我们预想的有出入。这些都需要去思考，要提前想好预防措施。通过这一环节最后要做到：手中无稿、心中有数。这是一个精益求精的过程，也是一个锦上添花的过程。在前几次讲公开课之前我总是不时地反复看稿、审稿，而每次都有新火花的迸发，每次都有新创意闪现，每当这些灵感、创意在头脑中闪现，我就赶紧添加到讲稿中去。这个过程一直要持续到公开课上完，这种无止境的追求让我受益匪浅。

总的来讲公开课要做到："推陈出新、有心栽花、凸显自我"。如果说家常课能看出一个人的耐性，那么公开课就能看出一个人的悟性。如果说家常课比的是一个人的底气，那么公开课比的就是一个人的才气。能上好家常课却不会上公开课的人，是实干家；只会上公开课而不去认真上家常课的人是表演家；为了上好公开课而荒废家常课的人，是名家（为了名利而不顾自己真正的家）；能上好家常课又能上好公开课的人，才是真正的行家，也是我们真正向往的大家。公开课带给我们很多思考，思索便是我们的收获，思考便是我们的进步。

第四节　引人入胜的开场序幕

课堂的开场，就是我们常说的课堂导入。导入，就是在课堂伊始，教师运用多种教学手段和教学方法，以集中学生的注意力，唤起学生的学习兴趣为目的的一种教学行为。俗话说：响鼓还需重锤敲。如果说一堂精彩的公开课就是一面响鼓的话，那么导入就是这重锤的第一锤，乃是重中之重，必须浑厚有力，起到“一锤定乾坤”的作用。

课堂导入的作用：

一、安定学习情绪。

课堂导入常常是课前骚乱与课堂肃静的分界线。学生从课间休息时的游戏打闹到上课铃响后安静下来，需要有一个过渡转换阶段，这就需要发挥课堂导入的作用。机敏的教师善于运用导入语，以自身的风度、清晰的声音、新奇的内容、精彩的语言，三言两语控制全场，抓住学生心理，让学生思维尽快回归到课堂脑力思考的起跑线上，从而发挥开场白威慑全局的特有魅力。

二、吸引学生注意。

教学过程对学生来说是一种心理认识过程，需要感觉、知觉、记忆、思维、想象等多种心理活动的参与，而注意力是否集中，则是这种认识过程能否顺利进行的必要条件和重要保证。巧妙地导入新课，可以起到先声夺人、先声服人的效果，吸引住学生的注意力，使学生一上课就能把兴奋点转移到课堂上来，集中在教学的内容上。在这样的情况下开始上课，才能“箭无虚发”，句句入耳，点点入地。教者轻松愉快，听者心倾神往。

三、激发学习兴趣。

“兴趣是最好的老师”，它会引导学生步入知识的殿堂，收获丰收的喜悦。教育家第斯多惠说：“教育成功的艺术就在于使学生对你所教的东西感到兴趣。”精彩的导入会使学生如沐春风，如饮甘露，进入一种美妙的境界。在导课过程中，教师风趣幽默的讲解，富有感情的朗诵、漂亮美观的板书、潇洒动人的风姿或一幅美丽的绘画、一首美妙的乐曲都可以吸引学生注意，激发学习新课的兴趣。

四、沟通师生情感。

良好的导课是接通师生信息的电键。一上课教师登台亮相后，教师的一个眼神、一个动作、一抹笑容、一句话语，如果一下子博得学生好感，那便取得了通往学生心灵的通行证，为教学之间的信息交流、情绪反馈打开了通路，铺平了道路，使教师的讲课建筑在学生对你的期待、信赖、尊重、理解的基础上。朴实亲切的导语会在师生之间搭起一座友谊的桥梁，师生的情感会在导课过程中潜移默化地得到交流和升华。

五、明确教学目的。

目的性是人类实践活动的根本特性之一，教学有无明确的目的和学生是否明确目的是衡量教学成功与否的重要标准。有经验的教师总是在导课过程中让学生预先明确学习目的。当学生的积极性调动起来、思维处于活跃状态时，教师就要适时地讲明学习的目的和意义，从而激发学习动机，使学生保持旺盛长久的注意力，并自觉地控制和调节自己的学习活动。

六、启迪学生思维。

富有创意的开讲，可以点燃学生思维的火花，开阔学生的视野，增长学生的智慧，使之善于思考问题，并能培养学生的定向思维。因为教师有重点地导入新课，能使学生的思维迅速定向，集中探索知识的本质，为进一步学习打好基础。精彩的导语具有思维的定向性，让学生尽快把握思维中心，围绕教学内容开动思维器官，积极思考，探微知幽。

七、确定全课基调。

高尔基曾说：“最难的是开始，就是第一句话，如同音乐上一样，全曲的音调都是它给予的，平常得好好去寻找它。”由导入语所奠定的基调将直接显示：①内容的定旨。概括展示全讲内容，让学生明确目的要求，宛如一首乐曲的前奏，让学生把握基本旋律。②情感的基调。让学生初步接触情绪感染，为全身心的情感投出作出准备和酝酿。③语调的定格。导入语能确立全课的基本语调，讲述是解说还是抒情，是奋进还是纤弱，是辩驳还是说明，是绚丽还是朴素，以怎样的基调为全课定音，语调也有个总体模式。只有实现了内容定旨、情感定调、语调定格，开场白才算充分发挥了效力，整个课堂教学才井然有序，有条不紊。

所以说，好的导入，就是一场精彩演出的序幕，拉开幕布，就能牢牢吸引观众的眼球。好的导入，就是一本好书的序言，翻开首页，就能让读者不断想去探索后面的内容。好的导入，是课堂的“点睛之笔”。能引领学生进入自主学习的境地。苏霍姆林斯基说：“如果老师不想办法使学生产生情绪高昂的智力振奋的内心状态，就急于传授知识，那么这种知识只能使人产生冷漠的态度，而给不动感情的脑力劳动带来疲劳。”积极的思维和高昂的情绪是课堂成功的关键，而富有启发性的导入可以激发学生的思维兴趣，所以教师应该在每堂课的开始都设计一个巧妙的导入，以激起学生对学习新知识新内容的急切要求，从而拉开课堂的精彩序幕！

案例：

回顾自己的教学经历以及对其他老师的课堂导入形式的分析，我总结出语文课堂导入策略大致可以分为以下几种：

一、开门见山式

课堂最开始的五分钟是学生记忆力最好，也是学过最不容易忘记的一段时间，教师在课堂一开始就让学生明确这堂课的学习目标，能大大提高学生学习的目的性，整堂课的学习行为都围绕这个目标展开。有些老师喜欢在上课过程中慢慢让学习目标明晰起来，而有些老师在课堂的结尾才揭露本课的学习目标。这样，上半节课，学生由于没有明确的学习目标，都是在教师的引导下被动的学习。而开门见山式的导入，能使学生从始而终都有一个非常明确的学习目标，从而使整堂课都能进行自主、独立的学习。

二、温故知新式

这种导入方法一般用在第二课时，或是古诗词教学当中。如在教学《黄鹤楼送孟浩然之广陵》和《送元二史安西》这两首古诗时，由于两诗都是描写朋友临别时送行的场面，于是老师就应该在上课开始设计这样一个导入：同学们，现在我们和朋友分别时都可以运用很多现代化的交通工具和通讯工具和朋友见面，可是在古时候，朋友分开以后，就很难再见面，有些甚至永远都无法见面了，于是很多诗人在送别时都喜欢用诗歌来表达对朋友的情意，那我们曾经学过的送别诗有哪些呢？学生回忆了《赠汪伦》、《芙蓉楼送辛渐》、《别董大》等等很多送别诗，不仅回顾了这些诗的风格，也交代了新课的内容，引起学生对旧知的巩固，从而更好地投入到新课的学习当中去。

三、引用激趣式

许多老师都有这样的感觉，课堂上提到课本外的内容时，学生的积极性很高，对这些内容特别感兴趣。教师课堂中如能根据学生的这一特点，引用一些学生喜闻乐见的形式，如：猜谜语、讲故事、说儿歌等来导入课文，一定能够收到事半功倍的效果。

精妙的导语能够调节学生的心理，激发学生强烈的兴趣，调动学生的积极性，引导学生快速进入五彩缤纷的语文课堂。因为兴趣才是学生的第一需求，只有让他们感兴趣的内容，他们才能产生主动探求的欲望。另外，试验、绘画、歌曲，这些生动、形象、直观的感性材料，学生的兴趣更浓。

四、提问导入式

往平静的湖面投入一粒小小的石子，能让水面泛起层层涟漪，而巧妙的提问就好比一粒小小的石子，激起的却是层层波浪。

另外课堂导入还有创设情境式、悬疑设置式、讨论交谈式、理解课题式等等，这里就不具体阐述了。

好的开头是成功的一半，成功的导语就犹如一把开启学生兴趣闸门的金钥匙，能够使学生的情感在课堂上得以充分宣泄。有些学科还是综合性的学科，具有内容多样性的特点。因此，导入设计也不能刻板单一，应力求花样翻新，多彩多姿。成功的导入既要新奇，用新鲜的东西吸引学生，又要自然，要跟所学内容自然衔接，天衣无缝。

总之，一个好的开场白不能忘了有的放矢地激发兴趣。学习兴趣是构成学习动机最活跃的心理成份，是学习动力最重要的源泉。激发兴趣、提高兴趣、保持兴趣是保证教学有好成果的关键，只有让学生对课本知识产生兴趣和爱好，学生才能投入地学，也才能有效地提高课堂的教学效果。这里，我们要强调的是不管采用哪种导语设计，都要为全课的教学目的和教学重点服务，与讲课的内容紧密相联，自然衔接。具体来说，一是力避落入俗套，给学生以新鲜感，造成一种良好的学习心态；二是不故弄玄虚，哗众取宠，给学生以实实在在的收获；三是开宗明义，单刀直入，用简洁、生动的语言表达丰富的内容。

第二章　心理素质的强化

随着教育改革的广泛、深入开展，作为教学活动之一的公开课也迎来了更多新的挑战和考验。在课堂上，教师作为教育教学的组织者、主导者，其心理素质水平对课堂教学效果有着密不可分的关系。而日益增强的教育要求和对课堂质量越来越高的教学期望、教学方式、方法的不断推陈出新，这些都对广大教师在面临开展一堂公开课时提出了更高的身心素质要求。

所以，一名教师必须学会对自身心理素质的强化，以应对压力与挫折，不断地提高自己承受压力和耐受挫折的能力、培养自己勇敢顽强、开朗豁达的良好意志品质，这样才能在取得工作成就的同时保持身心健康，获得个性的健全发展。

第一节　突破层层心理障碍

上公开课，对很多教师而言是件大事，都会高度重视。但是又因为公开课在教师心目中的地位很重要，教师过于重视，会给教师带来紧张、焦虑、恐惧、自卑、担心等一系列不良心理因素，而这些不良心理因素在很大程度上影响着教师在公开课上正常水平的发挥。

在教学中，经常有教师在平时的课堂教学中表现很不错，课上得自由轻松、真实自然，但是一上公开课，就像换了个人似的，尽管备课充分，但由于存在某些不良心理因素，课上得不自然、不轻松，教学效果根本就不如平时。特别值得一提的是，这些平时踏踏实实上课的教师，在上公开课时居然也带有很多作秀、表演的虚假成分，这样掩盖了真实的自我，影响了教学效果，真是得不偿失。为什么会这样？我们常常把这归结为教师急功近利的表现，这不无道理。但这样看问题又很片面，实在冤枉了某些教师。据了解，紧张、焦虑、恐惧、自卑、担心等不良心理因素也是导致教师上公开课作秀的重要原因。而这点往往被我们忽视。因此，教师克服不良心理因素的干扰，进行适当心理调适，对上好公开课非常重要。具体方法如下：

一、以和善的心态克服不良心理因素

在上课教师的心里，总认为听课者是来挑刺的，如果被他们挑出些毛病，便会“死”在他们手里，这种敌对想法无形中就给自身带来了紧张、焦虑、恐惧、自卑、担心等一系列不良心理反应。教师一旦受到这些不良因素的干扰，就会变得瞻前顾后，心神不定，教学效果也可想而知。要解决这个问题，上课教师应该转变观念，主动把听课者看成是同行，是来交流切磋的，而不是来挑毛病的。必要时，教师可以在上课时，用眼神与听课者交流对视，以获得他们的“暗中”支持。这样就能接受听课者，在心理上获得对他们的亲近感，不良心理因素也会大大消减。

二、以学习研究的心态克服不良心理因素

上公开课，教师一般很容易出现心理因素不稳定、难以进入状态的情况。而教师以学习研究的心态来上课，能很快改变这种心境，马上进入上课状态。既然是学习，就说明上课教师本身就存在不足，有提高的必要，这样想也就不怕听课者对自己的课说三道四；既然是研究，就不怕课堂上出现种种问题，因为没有问题，也就谈不上研究。如果教师把这个问题想通了，那就不会在乎听课者“不客气”的评价。持有这种心理，教师想着怎么上课，怎样上好课，这样就逐渐进入状态，也就自然忘记那些不良心理因素，而且，以学习研究的心态来上课，非常有利于教学水平的发挥，也很容易上出精彩。

三、以展示的心态克服不良心理因素

通常而言，上课教师都惧怕“出丑”，这种心理很容易影响教师上课的情绪，导致上课时缩手缩脚，放不开。事实上，这是教师自己吓自己，自己跟自己过不去。一者，课上“出丑”是难免的，应该承认这个事实；二者，课上“出丑”是真实课堂的体现，应该正视这个事实。所以，教师上课非但不怕“出丑”，而且要敢于“献丑”，向听课者积极展示，展示自己的能力水平，展示教学效果。即使展示的是不成功之处，也是帮自己找到了需要提高改进的地方，同时能对同行起抛砖引玉的积极作用。教师如果能有这样的心态，就能克服上课担心害怕的心理，从而充分发挥自己的能力水平。

四、以“我能上好课”的心态克服不良心理因素

由于种种原因，教师对上好公开课最大的障碍就是对自己不自信，心里总担心这个，担心那个，进而怀疑自己今天能不能上好课。这样无形中给自己施加了压力，导致不战自败。因此，教师要抛弃这些不必要的担心，想想自己已经对上好课作了哪些充分准备，回想一下自己已经掌握了哪些技能方法，设想一下课堂上可能出现的情况，以及自己该怎么处理。这样就能做到胸有成竹，自然能找到上好课的感觉，也就有了上好课的信心。

五、以平常的心态克服不良心理因素

“我的课能不能上好”、“我的课能不能获奖”一心只想着结果，这是导致教师上公开课出现不良心理因素，也是导致教师上课失败的一个重要原因。因此，教师不能急功近利，心里只想着结果，而要抛弃急功近利的思想，忘记结果，处理好上课的过程。教师可以“我是平常人，我以平常心做平常事”勉励自己。如果教师这样想，以一颗平常心来对待，就不会有额外的思想负担，也有利于课堂教学水平的正常发挥。那么，上好课、获奖便是水到渠成的事情了。

针对上公开课出现的不良心理状况，教师应该适当选用适合自己的心理调适方法。事实证明，教师在上公开课的过程中，进行适当的心理调适，对上好课有积极作用。

在公开课上，广大教师最容易出现的紧张情绪，有没有具体的克服办法呢？

当面对下面听课老师黑压压的一群，许多上课的老师往往会紧张。其实经过上面几个步骤的充分准备后，大可不必紧张。一紧张往往会自乱阵脚，更不可能有超水平的发挥。因此如何树立信心，消除紧张的心理是很重要。如何消除听课老师所造成的无形压力的呢？一些老教师往往会跟公开课的执教老师说，你就当这些听课的老师不存在好了。这个方法或许有一定的效果，但绝不是最佳的方法，你当那些听课的老师不存在了，你苦

苦准备的课难道仅仅是讲给学生听吗？这显然是自欺欺人的想法，想要发挥很好的效果想必很难。因此，我们非但不能忽视听课的老师，相反，我们还要放大听课老师的存在，然后在我们心目中形成一种想要展示的欲望。你不妨这样想：作为一个普通老师经常在各种大会上，只能听领导的讲会，看领导的表演，心中早就积压了很多不满，早就想有个机会也让他们来观看我们的表演。而公开课无疑是一种最佳的机会。这样，当你站在讲台上，看到领导与老师坐在下面听观众，轮到你来表演的时候，往往有一种很大的满足感，不但很兴奋，而且斗志昂扬，因此往往会有超水平的发挥。

第二节　让自己进入积极的情绪状态

情绪，是人对客观事物的一种态度体验，是人的心理活动的重要表现方面。它产生于人的认识和活动过程之中，并影响认识和活动的进行。心理学家赫布曾说过：“当情绪唤醒达到最佳水平时，操作效率也最高；在唤醒水平较低时，主体或大脑得不到足够的能量去从事应当进行的活动时，操作效率最低。”因此，在公开课上，教师一定要自动自发地酝酿积极情绪，让自己进入状态，既可以改善教学质量，也可以提高学习积极性。

一、让自己始终保持良好的心态。

案例一

赵亮是一个十分贪玩的学生，所有的任课老师都对他感到头痛。他永远是课间玩得最疯的一个，也永远是上课最没有精神的一个。他从不在乎老师对他的看法，反正自己也不会被看好，有点“破罐子破摔”的意思。早听说要来一位新的数学老师，赵亮可没想过要给谁留个好印象，依旧踩着上课的铃声往教室里面跑。同学们都坐好了，只有他在翻箱倒柜地找数学书和练习本。

一分钟之后，赵亮感到奇怪，平常不管是哪个老师来上课，早骂他了。今天这是怎么了？等他抬起头望向讲台的时候，迎接他的是一双友善的目光："你肯定就是赵亮了，我再给你一分钟的时间，你可一定要把课本和练习本找出来哟。"

赵亮一边找东西一边想："这老师怎么这么好脾气啊。"等他终于拽出来之后，站在讲台上的赵有顺老师笑着对大家说："你们好，我是你们的新数学老师，我姓赵。因为这是我的第一堂课，所以，我告诫过自己一定不可以生气发火，我可不想给你们留下一个凶巴巴的印象。那么，你们是不是也想给我留下一个好印象呢？"

大家都异口同声地喊道："想！"

"好，那么，现在我们开始上课！"

赵老师并没有大声斥责赵亮，也没有深究他如何如何不对。或许正是因此，让赵亮深感愧疚，那堂课是他听得最认真，回答问题最为积极的一堂课。

案例二

李老师今天心情不太好，早上起来的时候发现刚三岁的儿子发起了高烧，急忙送爱人和儿子到了医院后才匆匆来到学校。他心想这第一节课师生合作不可能很融洽了，因为心里对儿子的惦念会严重影响自己上课的情绪。

刚走进教室，他就发现讲台下放着一袋东西，不知道是什么？于是，李老师用一种有些厌倦的口气问："这是什么？"平日里他最不愿看到教室里面放着脏兮兮的东西。

"是可回收的塑料瓶、可乐罐等，要卖掉……"同学们说。

还没等他们说完，李老师就把话茬接下来："那卖掉的钱是不是给老师买棒冰呀？"

"哈哈。不是给你的，我们要捐给学校的爱心基金会。"同学们开心地笑着。

李老师心想：哦，原来这是他们为了捐款特意攒下来的。这时候。他心里的那份担忧随着谈话的深入已经有些变淡了。

这时学生也七嘴八舌地说开了："老师，我们给你买饮料。"

“给你买水果。”

“还是买个小礼物吧。”一位平时不太爱发言的学生也开口了。

坐在最后的一个男生说：“老师，我们给你买香烟。”话音刚落，同学们又都乐了。

李老师想，这家伙胆子可真大，说了其他同学不敢说的话。于是，他乘机开了个玩笑：“好呀。要不你给老师买吧。”

“哈哈…”同学们笑了，李老师也笑了，刚才仅存的一丝不快也荡然无存。

教师也并非完人，总会被生活中的琐事牵绊。但即便如此，教师也要让自己始终保持一个良好的心态。利用课间，一定要将自己的情绪调节为最佳状态，否则，势必会影响到下节课相关知识的传授。

二、给导火线事先浇上点水。

关于教师课堂情绪的酝酿对课堂的影响，这个道理似乎谁都知道，但在实际教学中，往往总会有些这样那样的不利因素干扰教师对课间情绪的酝酿。

教师眼看着自己的学生在上课铃想过之后急急忙忙跑进教室，其他学生早已正襟危坐等待上课。而这名最后跑进来的学生则还没有准备好这节课所需的课本等物品。在一片安静的气氛中，他十分紧张，又不得不翻开书桌找东西。安静的课堂之上，他翻开书桌的声响更显得刺耳…在这种情况下，教师切不可勃然大怒，厉声训斥学生，因为全班学生几十双眼睛正紧紧盯着你的一举一动。教师的反应直接影响到自己和学生的上课情绪。相信一通火发过后，除了宝贵时间的浪费和学生的沉默甚至不满之外，还会造成自己情绪失控，影响教学过程。

案例中这个老师的做法是相当可取的。想必他早已对赵亮的种种表现有所耳闻，他用一句看似平常却稍带命令口吻的话，让赵亮感受到他与其他老师的不同。也正是这一做法，让他一下子就赢得了赵亮以及其他同学的尊重与信任。这样，不但分散了学生对刚才那一幕的注意力，而且迅速将学生带回到了课堂中来。

当然，这与赵老师事先告诫自己不可动怒有着很大的关系。如果教师想要有一堂高效率的课，那么就需要事先在自己那根极易引燃的导火线浇上点水。

三、用幽默赶走自己的不良情绪。

众所周知，一堂公开课的成功与否，根本上取决于教师能否在最短的时间里充分调动学生学习的积极性和主动性。而事实上，教师的课间情绪对于教学成功起着决定性的作用。上课时的心情，决定着教师课堂教学行为的主体性，更是会对学生学习的积极性与主动性产生很大的影响。

教师也有喜怒哀乐，不可能每节课走进教室时都是心情愉快的。心情不好去上课，肯定会影响课堂的教学，影响学生的学习。那么，怎么能让自己心情舒畅呢？其实，像上面案例中的老师那样，在上课前一两分钟，看到什么就把握机会用诙谐幽默的口吻和学生们聊上几句，由此可以释自己之怀、笼学生之心、融师生之情。短短的一两分钟，不但不会影响教学进度，而且还能大大提高课堂效率。

四、对教学内容毫无了解，也会让老师手忙脚乱，情绪压抑，抑制使老师迸发出紧张情绪。对教学过程没有设想，就会毫无章法，情绪失控。

1. 充分了解教学内容

千万不要简单地认为教学内容就是教材本身，它包括课上所涉及的所有内容。了解教学内容最主要的是了解其难度和复杂度，从而以一种轻松的心态去面对。

只有充分了解教学内容的教师，在课堂上才可以充分调动学生的积极性和主动性，才能使学生对所学内容有着更深的理解与掌握。

2. 充分预设教学过程

合理顺畅的教学过程可以使师生耗费更少的时间和精力，收到更好的效果。同时也是直接影响教师教学情绪的一个重要成因。没有一个好的过程设想，就不可能使课堂教学得以顺利进行。进行不畅，不仅影响学生的学习热情，更会大大打击教师的教学情绪。

因此，教师要想自己在教学中保持一个良好的情绪，就应该对教学过程有一个明确的安排，必须有意识地、有科学根据地选择一种最适合于某个具体条件的课堂教学方案。有了一个适合的教学方案，精神压力小了，精力耗费少了，教师的课前情绪酝酿自然就会变得顺畅。

3. 利用课前五分钟设置“音乐欣赏”

人在心情不佳的时候往往喜欢听一些比较悲伤的音乐，这样可以产生一种共鸣，并在一定程度上起到疗伤的作用。即使再怎么不懂音乐的人，也会被其中或优美，或哀怨，或激昂的曲调所感染。

因此，如果教师可以在课前根据课程的需要来选择适当的音乐，在一定程度上不但可以调动学生的良好情绪，而且也能抑制自己不良情绪的发作。

4. 用“智力体操”激发良好情绪

课间休息结束后，教师应该尽快让孩子静下来，兴致勃勃地迎接课堂教学的开始。

有效地利用好上课的前三分钟，使学生对本堂课所要学习的问题产生浓厚的兴趣，将学习变成一种自我需要。一句话，总之这种课前的三分钟“智力体操”，可以集中学生的注意力，增强学生的学习兴趣。那“智力体操”该做些什么呢？其实内容很多，形式也是多种多样。

教师也有七情六欲，虽然说不能带着情绪上课堂，但是也不能保证不会因课堂上出现的突发情形而影响到教师原本良好的情绪。学生也会因为老师的情绪变得恶劣而受其影响，情绪也会产生波动，由此使得教学效果和教师的形象受到损害，学生也不能从其他同学的错误中吸取教训，因而也不能让自己的判断力和思想得到提升。所以，教师在课堂上，尤其是在公开课上，学生本来就有点紧张，就更应该让自己具备一个积极的心态走向讲台。

第三节　用平和的心态看待周围眼光

一个人活在现实社会中，就要与其他人产生千丝万缕的联系，其言论和行动不免要受到他人的议论和评判。这是由人的本质属性——社会性所决定的。

教师是社会中一个职业，当然也会受此制约和影响。如果你在准备一堂重要的课时，成功或失败与否，就更会被推到风口浪尖之处，接受来自各方的眼光。

有一篇寓言，叫《蜗牛人生》。全文如下：

一只蜗牛在慢慢地爬着……

一个人说，看呀，这就是骄傲虚荣的结果！它本是短跑冠军，可总是怕别人不知道，背着大大的奖杯到处炫耀，于是连走路也极为困难了。

一个人说，看呀，这就是思想放不开的结果！它本是轻轻松松的，可总是把负担背在身上，而不会弃旧迎新，于是连走路也极为困难了。

一个人说，看呀，这就是勇于拼搏的典型。它本是一个弱小者，可总是不亢不卑，知难而上，给自己一个适当的压力，鞭策自己，于是小小的生命绽放动人的魅力。

蜗牛听了笑了笑说，蜗牛就是蜗牛，说完，依然不紧不满地爬着……

这时一个哲学家感慨万千地对自己的学徒们说：蜗牛很值得我们学习，这就是——走自己的路，让别人去说吧！

蜗牛听了又笑了，它眯缝着眼睛说，过奖了，不只是我这样，你们看看，整个大自然是不是都这样啊？

这则寓言虽短，但却有深刻的内涵，对于我们学会如何对待他人的议论和评价大有裨益。

一只小小蜗牛的经历，其实也折射出了我们人生的影子。老话说的好："谁人背后无人说，哪个人前不说人"。被人说是一件再正常不过的事，不管评价好坏，起码是有人关注你。一个人如果没人关注、没人议论，倒是一件很悲哀的事。问题的关键在于我们如何正确对待他人的评价。

对他人的评价置之不理、我行我素固然不好，所谓"旁观者清，当局者迷"，但重视过度也大可不必。在现实生活中，人们往往都太在乎他人的评价，更关注他人的意见，而忽视了客观存在的事实和自己内心的认知。

有一个古代笑话，说的是父子俩牵着驴进城，半路上有人笑他们：真笨，有驴子不骑！父亲便叫儿子骑上驴。走了不久，又有人说：真是不孝的儿子，竟然让自己的父亲走！父亲赶快叫儿子下来，自己骑到驴背上。又有人说：真是狠心的父亲，不怕把孩子累死！父亲连忙叫儿子也骑上驴背。谁知又有人说：两个人骑在驴背上，不怕把那瘦驴压死？父子俩赶快溜下驴背，把驴子四只脚绑起来，用棍子扛着。

我们不要笑这对父子，在现实生活中，我们都会自觉或不自觉的步其后尘。

教师是一个非常容易引人关注的职业，身边无时无刻都充斥的各式各样的人、千奇百怪的事。这就需要教师一定要是一个做人做事都要有主见，要具备判断是非能力的人。不能人云亦云，被别人的意见所左右，要靠自己的脚走路，自己的脑袋思考问题。把别人的看法当作真实的存在，以他人的评价来左右和修正自己的言行，这实际上是本末倒置。就好像一个人把别人给他作的画像看得比他本人还重要，用画像来衡量自己的美丑。

人生苦短，几十年转瞬即逝，开开心心过好每一天更为重要。因此，在面对自己的一堂公开课的时候，我们不必太在乎他人的评价，只要是对自己、对他人都有利、有益的事情，就大胆地去做。如果对他人的评价过于敏感，其结果只能是像骑驴的父子一样，无所适从。

孔子说过：人不知而不愠，不亦君子乎。也就是说，别人不了解你，甚至误解你，任意评价、否定你，你也能不生气，不在意，那样，你就能成为所谓“君子”了。中国传统的儒家教导人成为“君子”，不在意别人对自己的态度、评价，保持独立的自我。无独有偶，美国心理学家帕翠丝·埃文斯在《不要用爱控制我》一书中也表达了同样的观念。帕翠丝在书中说道：当有人评价你时——好像他们就是你一样。注意，他们正在试图控制你……她还说：人们评价我们实际上是在假装知道我们的内心世界，是在对我们的精神边界进行攻击。如果接受这些攻击，我们会暂时迷失自我，屈服于别人的控制。书中的一个小故事足以说明让别人的评价主宰我们的生活，我们将会面临多么严重的后果：

有一位女士，相信她的丈夫十分爱她，只有他才最了解自己。虽然她很聪明，并且具有歌唱家天赋，但是，因为受丈夫对她看法的影响，她认为自己“不聪明”，并且有一副“不出众”的嗓子。这位女士 20 岁结婚，60 岁时成了寡妇。在她身为寡妇的余生，通过种种信息，她重新认识了自己，但为时已晚，因为一生中她少有精彩的自我展现，她没有自信，埋没了自己的才能，她不但为失去丈夫难过，还为失去自己“另一个生命”悲伤。如果她不相信丈夫是因为爱她，才对她如此评价，她就会过上另外一种生活。

那么，如何正确对待别人的评价，或者说，别人的攻击，防止它们对我们造成伤害呢？其实，只要明白了，让别人的评价取代自我的评价，会丧失自我，就不难作出正确的行动。在生活中，我们常常会碰到这样的情况：小时候，明明吃不下饭菜了，可父母却还会要求说你没饱呢，你得再吃一点；其实只想简简单单的买一个电子阅读器看书，可爱人却认为你一点也不懂电子产品行情，受到了厂商的蒙骗……通常处在这样的情境中，我们会辩解："不不不，我不是故意不吃，我是……"或者"我不是不懂，我其实……"帕翠丝也经历过类似的事情，她身体力行，做出了表率。她曾经在餐厅里读报纸时遇见陌生人，告诉她"看得太多了"；她也曾经在旅馆的大厅里被素不相识的人告知"笑一笑"。在这两个情境中，她都没有辩解，在第二个情境中，她没有解释自己为什么不笑，在第一个情境中，她并没有反驳陌生人对自己阅读情况的断言，因为如果她这样做的话，她等于承认这些个陌生人可以对她自己的事情进行评价，她只是不同意陌生人的观点而已，于是就默许了其他人对她精神边界的侵犯。所以，我们教师都要时时保持警惕，保护自己的精神边界不受别人侵害，可是当陌生人或者同事试图对我们这么做时，我们往往容易发觉，当我们的亲人、朋友、长辈……对我们这么做，我们常常不容易发觉，因为我们经常只看到行为表面的爱的糖衣。

在学校，你所接触的除了学生就是其他老师，可以说你每天都要和同事相处，难免受他们的情绪影响。自己左右手的掌纹都有所不同，更不要说同事的性格、言谈举止和为人处世会和你不一样。

因此，要想不受其他老师的情绪影响，就应该消除偏见，避免印象传染。同事之间的关系与同学关系、朋友关系大不相同，每个教师的性格特征、处世哲学、价值观念、教育背景等都有差异，不应该奢求每个教师的处事原则都与你一样。

如果你对不合性格的教师冷眼相待、漠然处之，或看见就产生厌烦情绪，对教育教学工作不但没有任何好处，反而会使自己被其他教师孤立起来，陷入人际关系的泥潭。

一、不要对同事有过高的"期望值"

教师之间，整日在一起相处，难免会存在一些隔阂，或相互受到一些不良情绪的影响，这些都是正常的。那么，如何才能避免这些不良情绪的传染，理解同事间的压力呢？

对其他教师不要有过高的期望，这是消除“先入为主”的肤浅的“第一印象”、消除偏见的基础。教师与教师之间，毕竟只是同事关系，永远不会像朋友那样亲密无间。如果你对别人有过高的期望，到头来受伤害的只能是你自己。

1．寻求帮助要仔细考虑

在教育教学工作中，如果你想请其他老师帮个忙，就应该首先考虑一下该老师到底愿不愿意帮忙，或他有没有这个能力。如果没有认真地去分析。结果该老师没有帮到忙，又耽误了你的时间，你心中必然会产生不好的情绪。这种因为其他老师而产生的不良情绪，就是犯了对同事“期望值”太高的错误。没有冷静地去分析其中对自己的不利因素，最终导致自己和其他老师之间的关系恶化。这种压力的产生，其实是可以避免的。

这里所说的“期望值”，是指人们希望自己所想或所做的事情达到成功的一种比值。人们在现实社会当中，都希望凡事尽如人意，但客观事实又往往难遂人愿。教师之间也是这样，往往是期望越高，失望也越大，徒增烦恼。

2．事先做好两手准备

老师与老师之间相处，难免有请求他人帮忙的时候。在请求其他教师办事时，有成功与不成功两种可能。对事情只想到成功，而不想到失败是不客观、不现实的态度。

作为干练成熟的教师，做任何事情之前都要有两手准备。求人办事时，应该胸有成竹，不因事情顺利而沾沾自喜、忘乎所以，也不因事情受挫而悲观失望，满腹牢骚。

3．交往中要适时地调整好“期望值”

在为人处事的过程中，作为教师应该及时地根据此时此地或彼时彼地的情况的变化，来审视和调节自己的“期望值”，适时地采取相应变通措施，避免或减少来自他人的不良情绪的影响。

做人做事都应该事变我变，人变我变，不要把希望盯在某一点上或某一个人身上。只有降低自己的“期望值”，才不会对同事估计过高，也不会受其他老师的情绪影响。

二、大度些，努力接受不同性格的同事

来自他人的情绪影响很大程度上是自身的主观意识造成的。学校中的教师性格多种多样，且非常复杂，但总体上来说，可以分为两种类型：一种是与自己合得来，一种是合不来的。如果是其他场合，可以拒绝与自己性格不合的人交往，但是在学校里，教师之间“低头不见抬头见”，若从主观上对性格不合的教师产生抵触情绪，无形中就会增加自己和其他老师的压力。

1．学会在不同中发现共同之处

我们都知道世界上没有完全相同的两片树叶，何况是出生在不同环境下，所受的教育也有差异的两位教师之间，既然人与人之间的性格有所不同，为人处世方面也必然有许多不一样的地方。

既然“不同”的事实无法改变，那么就不应该在与同事相处的过程中嫌弃他人，要学会容忍同事之间性格上的差别。“求大同，存小异”，必然会使你消除偏见，与不同性格的人友好相处。

2．对容易带给你情绪影响的老师做深入了解

人们在相互交往中，可能都有这样的体验：如果对一个人不了解，你和他在感情上就必然有距离，也就容易对其特别的敏感，容易受其影响。一个人性格的形成，往往跟他生活的时代、家庭的环境、所受的教育和经历、遭遇有关。在考察一个人的性格的时候，最好也要了解他性格形成的原因。这样，你才可能会理解他、体谅他、帮助他，你们之间也就会增进了解，甚至可能成为朋友。

3．多发现别人的长处，避免印象传染

尺有所短，寸有所长。任何一个人都有优点和长处，当然也有缺点。所以说，要允许别人的缺点存在，但也不能道听途说，先入为主地认为某一教师不可交往。

4．不要戴有色眼镜看人

对别人的偏见是一种狭隘的心理在作怪，要努力消除这一心理障碍，就要有正确的认识，从思想上彻底改变想法，保持积极的心态。

希腊作家斯托贝有一句名言："财富不是朋友，而朋友却是财富"。人们需要友谊，友谊来自朋友。

5. 太热情也容易使人产生偏见

在偌大一个学校里。总有个别教师喜欢凡事请求同事帮助，但很少考虑别人有没有这个时间或能力。当然，教师之间互相帮助是应该的，但每个人的时间和能力毕竟有限，不可能面面俱到，所以答应帮别人办事，首先要看自己能不能办到，这是人人都应该明白的道理。

如果你不自量力，对同事的请求一概应承下来，事情办好了可能什么事也没有。如果其中一件办不好，或只说不做，那么就会给其他教师留下不守信用的印象，甚至遭到其他教师的埋怨。久而久之，其他教师就有可能对你形成偏见。所以说，太热情有时候也是不好的。

6. 交往过深，有时也是一种伤害

有人曾说："接近着相互伤害着，疏远着相互想念着。"这话虽然有些过于偏激，但是细细品味也确实有一定的道理。在现实生活中也确实有这样的例子，因为过于亲密也可能会造成很深的伤害。同事之间如果交往过密。你必然会对其的一举一动加以注意，也就更难调控他对你的情绪影响。

其实，要调控好来自其他老师的情绪影响，避免受到严重伤害的最好办法，就是与其保持一定的距离。与同事相处，太远了显然不好，别人会误认为你不合群、孤僻，性格高傲；太近了也不好，因为这样不但容易让其他同事误解，以为你"拉帮结派"。

所以说，不即不离、不远不近的同事关系，才是最恰当的和最理智的。这也是"消除偏见、和谐相处"的有效办法。

以上这些教师与教师之间的相处之道，都能为教师加强心理素质打下良好的基础。公开课是一个接受同事、领导检验、评定的平台，而用一个平和心态对待来自于各方的眼光是一个需要长期锻炼的过程。

第四节 防止“公开”变“表演”

公开课作为教学研究的一种形式，其作用已经为教育工作者所共识。然而近年来，公开课教学却越来越多地受到批评和责疑，原因是不少地方把公开课看成是评价一个教师教学水平的手段，从而逼得教师不得不把它上成表演课。这种做法不仅背离了上公开课的目的，而且抹杀了公开课作为一种教学研究形式的本质。要想改变这种状况，不仅要改变广大教师对公开课的偏见，更需要公开课的执教者科学引导、严密组织，使一节公开课既能体现集体力量和水平，又能使公开课的所有参与者都能得到收获。

要想使一节公开课收到最好的效果，应该从以下几个方面着手：

一、变执教者课后说课为课前说课

从目前的教学实际来看，绝大多数地方在公开课结束后都要对公开课进行评议，执教者的说课一般安排在听课者评课前。这样做的优点是有利于评课者在评课前了解执教者的指导思想、教学思路等，便于评课者有的放矢地评课。然而它的不足之处也显而易见。其一是评课者课前不知道执教者的教学思想，不利于评课者在课堂上观察执教者的教学思路是否得到全面贯彻。二是教学者出于保护自己的目的，在课后会把自己课堂上的一些无意行为解释为有目的的设计，从而不利于听课者观察授课者在教学过程中的思维活动。而把说课放在上课前一两天进行，不仅可能帮助听课者客观全面地了解授课者的思维过程，而且还可以做到：

1. 促使执教者更全面地思考自己的教学设计，使教学思路更清晰，教学活动更严谨，教学方法更科学，教学过程更精炼。教学不是一种随意性行为，而是一种带有明确目的和计划的理性行为。教师每上一堂课都会有一定的指导思想支配着自己的教学活动。如果在课前不认真思考，就会带着朦胧的思想走上课堂。因为一般情况下，教师在上课前会把更多的精力放在教学活动的细节上，不愿意把时间放在理论思考上，从而使得部分环节具有随意性。如果在课前让他说课，他就得把自己的教学思路理清，为自己的每一个教学设计提供理论依据，从而使他原本朦胧的东西清晰、明朗，使他的课堂教学更有目的性、思想性。

2. 集思广益，充分利用集体的智慧提高教学效益。说课不是简单的个体行为，而是一个说者和听者互动的过程，也就是说，说课不仅要说者介绍自己的教学思路。而且要听者结合自己的教学实践谈自己的看法，提建设性的意见。这样通过一说一评一建议，使教师的教学思想在课前就为听课者所了解，使听课者的意见在上课前就为说者提供启迪，从而使教学设计更完善、更科学。

3. 使课后评议有的放矢地进行。有的人把课堂教学的完成看成是一节公开课的结束，把听课教师看成公开课的旁观者，其实这是不科学的。一节真正的公开课应该是从教师接受任务始，到公开课参与教师评议结束乃至写出教学心得止。所以课后评议应该是公开课教学的一个重要环节。教师课前说课，可以使听课教师更好地观察执教者的教学思想是否在教学过程中得到了贯彻，教学方法是否切合学生思维特点和水平，教学设想是否精炼高效等等，从而把听课者和执教者的教学思路、思考方向等统一起来。

二、让听课者带着明确的任务走进课堂听课

公开课作为一种研究课，需要听课者听有所得，听有所思。但如果听课者在课前没有明确的任务，没有思考的重点，他听课的效果就会大打折扣。很不幸的是很多公开课教学活动，课后评课大多数流于形式，或者说些恭维话了事，或者鹦鹉学舌，颠倒重复，让执教者得不到启发，让与会

的人感觉乏味。从教学实践来看，一个公开课的组织者，要想提高公开课的效益，把公开课的作用充分发挥出来，最有效的方法是在课前把教学过程分成若干个环节，然后将每个环节的听、评、议任务分配到每个听课者，让他们有的放矢地去听课。这样既有利于增强责任意识，又可以把听课者的注意力吸引到具体的教学环节上去，让他们带着目的听课，带着目的思考。比如在组织公开课前，把这一节课分解成教学目标是否科学，教学方法是否合理，教学手段是否恰当，重点讲解是否准确到位，教学难点突破是否巧妙，例题选择是否典型，设问是否有启发性，课堂讨论是否有序，教师的主导地位和学生的主体地位的关系处理得是否得当等环节，然后把它们分到每个听课者手里，要他们在课堂上重点关注每人手中的问题，讨论时就分配的问题作典型发言，从而使每次公开课的评议活动都进行得有声有色，真正做到了讲者有话说，听者受启发。

三、改变公开课的评议模式，提高课后评议的实际效果

传统的课后评议实际上已经蜕变为听课者对执教者教学水平的评判，多的是评价，少的是商议。执教者变成了待宰的羔羊，他的能力和水平就在于听课者对他的认同度。其实，一堂公开课代表的应该是一个备课组乃至一个教研组的水平。把集体的光环套到一个人头上，或者把应该由集体承担的责任推到一个人身上，这种评议往往使得被评者惴惴不安，评课者不能畅所欲言，一个本来可以通过集体评议使这一教学活动成果得到升华的机会白白流失。公开课的组织者应该努力避免这种现象出现，把公开课的课后评议引导到科学实在的轨道上来。在实践中，正确的做法应该是：

1. 把课后评变为课后议。课后不是按照传统方法先由执教者说课后由听课者评课，而是根据课前分工，让听课者按照课前分工顺序发表自己的意见。由于课前听过执教者的说课，听课者对执教者的教学思路已经有了清晰的了解，这样听课者就可以根据自己在听课过程中的思考发表看法，比如对执教者的教学设想是否得到落实，教学过程中的微观调整是否合理等提出自己的观点。一位教师评课后，谈谈自己的观点和看法，如果观点有分歧，其他教师也可以参与进来一起讨论。这样变评判为探讨和沟

通，把听课者和评议者放在平等的地位上，使听课的人有机会评议，让执教的人有机会解释，使公开课的参与者在思想碰撞中产生火花，使公开课的教学效果在商讨中得到升华。

2. 让学生参与评议。学生是公开课的主要参与者，是课堂教学的受众。一堂公开课效果如何，学生最有发言权。然而传统的公开课评议活动却把学生排除在外，听课教师根据自己主观臆想来对教学活动进行评议，其结果不可能不出现偏差。克服这种偏差的最好方法是让学生参与公开课的评议，让学生结合老师的教学过程介绍其注意力是怎样被老师调动起来的，预习时的困惑是怎样被老师破解的，等等，使老师的教学设想通过学生的具体感受得到检验。

四、及时巩固提升

从实际教学过程来看，现在不少学校组织一节公开课往往是从教师上课开始，到听课教师评课结束止。这种做法在很大程度上削弱了公开课的功能，使公开课的成果得不到及时升华。

为了使公开课上出最大的成效，在评课结束后，我们应该组织教师对评课者所提的意见和建议进行充分讨论，然后据此对原来的教案进行修改，在吸收广大教师合理建议的基础上形成一个更加科学的教案，再拿到其他班级进行教学，在有可能的情况下甚至可以把结果反馈给参与评课的所有教师。这样既可以使授课教师通过公开课教学提高自己的教学水平，同时也使听课教师通过参与公开课教学有所收益，这样才能使公开课上出真正的效果，才能使开设公开课的目的落到实处。

我们不能为了公开课而公开课，而是要在心里认识到它的重要性和实质性，方能从本质上上好这堂公开课。

第三章　娴熟的教学技巧

在一般意义上，技巧是指表现在艺术、工艺、体育等方面的巧妙的技能。教学也是一门艺术，教学技巧是指教学实践中形成的巩固的能运用自如的教学技能，包括教师的知识传递技巧、语言表达技巧、动手能力、对教材的灵活使用。在公开课教学中，教学技巧往往可以活跃课堂气氛和提高教学效益。公开课上缺少了教学技巧，学生上课的性质就会减去了一半，剩下一半即使是科学的知识，学生也处于一种被动而僵化的状态。因此，公开课中不能没有教学技巧。所以高超的教学技巧理所当然成为广大教师孜孜以求的理想境界。

听一堂好的公开课是一种享受，这正是对执教者的教学技巧的褒奖。对执教者来说，课之所以上得好，其“秘诀”就在于成功地运用了教学有法、然无定法的教学技巧。

第一节　过硬的专业知识

专业知识是一堂公开课上教师最应该牢固掌握的专业素质，是顺利完成这堂公开课的基础，是教学能力、教育智慧和教育艺术生长的土壤，也是教师影响力形成的源泉。

对于公开课来说，专业知识不是一时能培养出来的，它是平时知识的积累、巩固。所以，教师在平时的教学中就应该加强对专业知识的认识程度，不要等到公开课或者用到它的时候再来恶补。

我们可以以不同的视角去审视教师专业知识，这样就能得出不同的层次和结构特征。如今关于教师专业知识的划分有如下几种类型：按知识的领域来分，按知识的系统化程度来分，按知识的特征来分。本节以知识的特征为线索，将专业知识划分为学科知识、情境知识和操作性知识，谈一下作为教师要如何加强、巩固、拓展自己的专业知识。

一、建构系统的专业知识体系

专业知识是教师知识结构的主干部分，也是当好教师的必备条件。专业知识通常有两种形态，即学术形态和教育形态。知识的学术形态表现为科学性、系统性和严密性。教育形态也就是在学术形态的基础上，依据教育学、心理学原理和知识学习的一般规律，按程序呈现、传递、组织的过程进行处理，使知识便于教与学。

教师一般接受了系统的专业教育，具有较为完备的学术形态知识。这为专业自主发展打下了坚实的基础，但这些知识与学生成绩之间并不是一种线性关系，更不是一一对应。学生的学业成绩与教师学科知识教育形态化高度相关。因此，教师专业知识的丰富与完善，不是知识的深度与广度，而是学科的教育形态化的水平。

优秀的教师应该具备的专业素质要求，教师要有成效地进行教学，需要具备与时俱进的完善的知识结构。面对教育课程改革，教师要更新知识结构，建立系统的专业知识以胜任公开课教学。优化和完善教师在新课程背景下的知识结构是教师公开课培训的重要任务，而教师的专业知识结构的现状并据此提出优化和完善他们的知识结构的建议是一项前提性的研究工作。

二、优化教师的知识结构

教师的知识结构是指教师所具备的各类知识及其组织的形式。从新课程的基本要求出发，参照国内外学者对教师知识结构的研究，我们将面向新课程的物理教师知识结构的要素概括为科学知识、教育科学和新课程知识、相关学科知识的情境性和策略性知识。

三、对新增教学内容的掌握程度

课程内容体系会随着时间的变迁发生一些新的变化，增加了许多现代学科知识，但有很大一部分教师不太熟悉这些新知识，要求进行必要的知识补充。教师需要加强这些新增知识的学习，这些新知识的学习可以采用自学与专家讲授等多样化的方式进行。

四、对“过程与方法”“情感、态度与价值观”目标的熟悉度

公开课不仅包括“知识与技能”，而且也包括“过程与方法”“情感、态度与价值观”。一项调查统计表明，有49.6%的教师不熟悉教学的“过程与方法”，有61%的教师认为难以把握教学的“情感、态度与价值观”。

这说明许多教师对教学中整合“知识与技能”“过程与方法”“情感态

度与价值观”课程目标缺乏必要的知识和能力。需要加强整体的教学理论、方法和策略的内容。

五、对学习方式变革的认识

新课程中倡导自主、探究、合作等学习方式。绝大多数教师表示对这些学习方式有所了解，调查表明只有5.7%的教师表示完全不了解。但是仅有12.8%的教师经常在课堂教学中采用这些新的学习方式，“偶尔采用”的有84.9%的教师。

对于接受性学习与探究性学习的关系，一半以上的教师认识上存在误区，如把接受性学习等同于被动学习和机械学习，探究性学习会降低学生学业成绩等。

这说明需要帮助教师正确理解新课程倡导的自主学习、探究学习、合作学习的理论、方法等知识，并在教学中加强这些学习方式与提高学生学业成绩、发展能力及情感态度关系的实证研究。

六、计算机常用软件的掌握

毫无疑问，多媒体对教师的教学工作产生了不可取代的作用。计算机的使用已经成为教师必备的技能之一，公开课上也同样需要计算机的配合才能绽放出更加璀璨的光彩。

网络为教师之间、师生之间和生生之间的合作、交流提供了一个平台。但调查表明教师运用网络的目的和方法还很单一。多数教师会经常借助互联网查找所需的教学资源，比如阅读文档、下载资料等。但利用网络与学生进行交流的教师只有极少部分。这说明充分挖掘网络的教育教学功能、使用网络化教学方法是教师培训的重要内容。

七、获取知识的途径

调查发现，92%的教师表示主要通过读书方式获取知识，有47.7%的教师经常收看科普类电视节目，另有50%的教师偶尔会看科普类电视节目。在“你平时读得最多的书籍或刊物是什么?”的调查中，有34.9%的教师选择“物理教育类”，有26.8%的教师选择“科普类”。

关于教师们最乐意采取的获得新知识的途径，选择“集中培训”和“短期进修”的教师超过58%。然而仅29.3%的教师每年有两次以上的培训机会，大多数教师仅享有一年一次、甚至两三年一次的培训机会。这说明“集中培训”和“短期进修”是不能够满足广大教师的培训需求的，教师培训要开辟校本培训的新途径。

在教学中研究。只有营造出多样化并具备选择性的专业技能培训，教师才有可能获得适合自身发展的经验，实现自身知识结构的日臻完善。

第二节　知识，有精度也要有广度

公开课上，不仅仅只有书本上的知识就能完全应付得了。现实中，总是有很多意想不到的事来考验你的知识涵盖度。

所以，教师们的压力是越来越大，孩子们在仰视、尊重教师的时候也在无时无刻地进行着审视，在心里给教师们打着分数。在他们的心目中，教师就是“十万个为什么”的答案，是智慧的化身，是在知识的海洋里无所不能的神。有了此种观念，就不能容忍教师的无知与无能，哪怕是偶尔的。所以，从“教”的方面看，对教师知识的需求程度永远都是一个无底洞。

孩子们思维的开阔、想法的奇特，有时提出的问题连教师都不能解决，这对教师是最大的挑战，又不失为一个更大的机遇——在学生们千奇百怪的问题中，为了保住在他们心中崇高、伟大的智慧化身的形象，也要逼着自己不断地学习知识、充实自己。所以，教师的知识储备必须紧跟时代发展的步伐，不然就会落后于社会，甚至落后于学生。

一次课外公开课上，老师和学生一起做“转盘游戏”，规则是转盘指针指向谁，谁就抽签解答签上的问题。当转盘指针指向这位老师时，他抽出一张签，内容是：请你唱下面的乐谱，并说出它的歌曲名称。这时主持人略有担心地小声问道：“老师，您

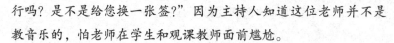

行吗？是不是给您换一张签？”因为主持人知道这位老师并不是教音乐的，怕老师在学生和观课教师面前尴尬。

老师的回答却令他出乎意外：“我试试吧。”老师定了定神，然后流利地把上面的乐谱唱了下来，并说出这首歌的名称。说完，教室里响起了一阵掌声，学生们流露出崇拜和赞赏的眼光。

优秀的教师就是体现在教师对自己各方面知识和素质的较高期待和要求上，不单单对自己所学的专业要熟悉、掌握，对其他方面的知识也要全面了解。

而学生们也是更喜欢和知识渊博、有亲和力的教师打交道。现在的学生不会因为你是教师便信任和尊敬你，而是会根据教师的学识再采取不同的态度。孩子年龄越小，他们对教师的期望就越高，他们认为老师无所不能，简直把教师当成了百科全书，随时都准备了无数个“为什么”，一有机会就会问个不停。如果教师并不是如他们想象得那样充满智慧，而是一问三不知，他们就会非常失望，这位教师也就很难被学生所接纳。

所以，教师要完善自己的知识结构，如果只限于自己所学专业那一部分知识，不及时地用全新的教育理论充实头脑，不主动地去丰富自己的知识储备，那么很快就会落后于这个时代，无法适应未来的发展变化，也就无法再有资格做一名优秀的教师。

所以，在知识面前，教师一定要使自己成为一个富有的人。

新形势下，教师需要不断地努力充电，刻苦钻研，不管是本专业还是其他专业，都要争取把知识的掌握做到“精”和“博”。如果在知识面前，自己都抬不起头来的话，也就别谈什么“传道授业解惑”了。

我们看那些把教学活动搞得红红火火的教师，他们无一不是学问精深的代表。但学问精深的教师却不一定是教学成绩明显，适应时代需要的教师，这固然与前边提到的观念的转变至关重要，同时也与教师知识是否广博密切相关。教师一方面要具备专业学科知识，同时还应具备新时代、新形势下一些快速更新的知识。现代社会，知识更新的速度是前所未有的，教师如果对新知识、新信息一无所知，那就会成为一潭死水，就会被社会淘汰。

那么，怎么才能在知识面前变得富有起来呢？

一、树立终身学习的理念

终身教育、终身学习，是当今世界的主流和未来教育发展的方向。作为教师，更是应该将此树立为终身的奋斗理念。而这个理念也同时对于教师具有特殊的意义。教育是培养人的活动，主要目的是多出人才、出好人才。

而教育的对象是常新的，每一批的学生都有所不同、每个学生也都有自己的特点，这就要求教师要对教学方法不断进行调整。教育的内容也是常新的，日新月异的科技进步和社会发展对教学内容不断注入新的成分。不进则退，慢进也是退，教师一生都始终处于学习和完善的过程之中。

因此，教师们必须更新观念，必须意识到终身学习时代已经到来，必须不断更新自己的知识和能力，因为单凭原来的知识已很难适应信息社会对教育的要求。

二、坚持自主、主动地专业发展，提升自己的教学水平

教师专业发展是建立在教师自主、主动地寻求自我发展基础之上的，只有积极的学习态度才能使学习效率最大化。在这样的发展过程中，教育教学的实践活动具有突出重要的作用。要在学习中取得事半功倍的成效，都应当是在教育实践中进行，与学校日常生活联系在一起，与身边的教学，与生动活泼的学生的变化联系在一起。

1. 在总结经验中提升自己

教师专业发展是一个不断积累提高的过程，教师的专业技能更多是一种实践的技能，这样的技能更需要在教育实践中形成和发展，但相同的教育实践对不同教师的专业发展带来的影响并不同，教师在实践中的提高很大程度上决定于本人对实践的反思，决定于是否善于不断在经验中提高自己。教材是文本，是传承文化的有形载体，课堂就是教师、学生、文本之间对话的场所。让充满灵性的人与静态的文本碰撞出智慧的火花，是教师应该追求的目标。

2. 在师生交往中发展自己

教学是一种双向互动的活动，在这种互动中不仅学生获益，教师本人也得到提高。教师的教导使学生得到发展，而学生提出问题和要求，又促使教师继续学习、不断进步。有不懂的问题，教师也不要太过受挫，应勇于承认自己的无知，要建立一种师生学习的共同体，在师生交往中与学生同时提高，在发展学生的同时，自身的专业也得到发展。

3. 在借鉴他人中完善自己

教师的专业发展需要不断吸取别人的经验，需要借鉴和学习别人的成果。教师专业发展必须善于利用现代信息手段，要学会欣赏和借鉴别人的创造，只有这样才能适应时代的要求，促进自己的更快发展。

4. 在理性认识中丰富自己

现代教师的工作早已超越了经验阶段，教师的工作需要经验的积累，更需要在理论指导下的教育实践活动，没有一定教育理论基础就难以胜任现代教师的工作，这无疑也是现代教师需要专业化的重要原因。教育理论是对教育实践活动的理性认识，没有教育理论指导的教学实践不可能实现教师的专业化、优秀化。

要想经受住一堂重要公开课的考验，最忌孤陋寡闻、眼界狭窄，除此之外还应具备丰富的跨学科的知识，掌握现代科学技术发展的新动向。

只有综合素质较高的教师，才能真正成为教育、教学活动的成功的组织者和领路人；只有具备一定综合知识底蕴和丰富内涵的教师，才能真正使学生积极接受教师的教导和指引。面向新时代，要培养全面发展的高素质人才，更要求教师一专多能，多才多艺，不仅传道、授业、解惑，更应会启迪、开发、创新。教师只有成为知识的“富豪”，才能以学识征服学生，为一切“意外情况”打下良好的基础。

第三节　驾驭实验的动手能力

对于一些以实验为主题的公开课，纸上得来终觉浅，绝知此事要躬行。以化学公开课为例，它是一门以实验为基础的学科。实验教学可以帮助学生形成化学概念，理解和巩固化学知识，培养学生观察现象、分析问题和解决问题的能力，初步掌握一些常用的化学实验技能。因此，我们在公开课要注重抓好实验的各个环节，把素质教育落在实处，从而使学生的知识与能力同步增长，达到公开课的教学目标。

目前实验公开课教学中最大的尴尬是什么？答案就是教师领着学生只动嘴不动手。

大多数实验教学还停留在纸上谈兵的阶段，知识只是停留在黑板上、报告中、口头里。学生在教学中还是处在教师的牵引之下的，所以说，实验室中的尴尬归根到底还是因为擅长实验教学的教师队伍明显不足。

据调查：许多学校中物理课、化学课上的就像数学课一样，整天做题目；而生物科则像历史课，整天在背书。

为什么老师们对实验如此缺乏兴趣呢？

主要还是由于实验课相比其他课要麻烦许多。首先在实验之前就需要教师花费大量的课前准备时间，再者在实验教学过程中还要应付实验过程中会发生的许多不可预测的因素，还需要密切地注意学生，不要发生危险之类的。这就致使许多教师疲于应对实验课，因此往往采用讲实验的方法，或者用多媒体来模拟实验过程。

这种做法一方面导致学生得不到身临其境的学习环境，兴趣得不到提升；另一方面，就是使教师越来越丧失实验的基本素养和动手能力。

实验课是这样囿于形式，那我们教学过程中到底需不需要实验课?

答案是肯定的。为什么我们在今天要把实验上升为一种教学？其中一个重要原因就在于它培养了学生的创新精神和实践能力。而且许多科技成果的诞生也是以实验为基础的。所以，实验课上的动手操作能力，是公开课上教师必备的一项基本功。那么，教师如何驾驭实验课，走出实验课的尴尬境地呢?

一、激发对实验课的积极性

许多教师对实验课缺乏兴趣，是和学校缺乏相应的支持有关。激起教师对实验课的积极性，就需要学校能够给予充分的支持，为教师提供良好的创新和研究环境。要做到实验器材配备齐全。经费的使用上，学校要对师生的专利申请提供资助，并设立教师创新实践教育的奖励，充分调动起教师们的积极性。

二、坚定献身教学事业的思想

学校提供了完备的硬件的同时，教师本身也应该做出努力。首先就要在思想上坚定自己的目标，在教室的岗位上立志做一个优秀的教师。对工作兢兢业业、一丝不苟、精益求精，而不应该好高骛远，更不能力图省事在教学中蒙混过关，成天抱着当一天和尚撞一天钟的心态。

三、认真备课，巩固基础知识

教师本身扎实的教学基础知识是上好一堂实验课的保障、前提。平时就要阅读大量参考资料，自觉向有经验的教师学习，定期观摩其他教师的实验课，从而丰富自身的教学修养，达到在实验课上游刃有余的境地。

四、时刻注意意外事故的发生

这是上好实验课最需要关注的一点。没有什么是比安全更重要的，有些实验会涉及到一些危险品的使用，这需要教师在上实验课时要从始至终都要擦亮眼睛，这也是教师不愿意上实验课的根本原因，不怕一万就怕万一。

1．教师要首先树立安全意识。教师的安全意识缺乏，势必会产生不良后果。因此，实验中教师要密切注意学生的动向，对实验中可能或将要发生的安全问题消灭在萌芽状态，更不能出现脱岗或漫不经心的现象。

2．要学生自觉树立安全意识。让他们知道实验室中的药品有毒性、腐蚀性，一定按规程操作，要了解药品的性质、使用方法、注意事项，养成科学认真的作风。同时让他们相互监督，对于同学中出现的不安全因素敢于制止。

3．在实验中如果出现了安全问题，要谨慎对待。如出现的扎伤、割伤、烧伤、烫伤、气体过敏、药品接触性过敏或中毒、腐蚀等，要立即采取措施给予及时的治疗。坚决杜绝不管不问或救治不力的现象发生。

其实，实验课也不是想象中的那样复杂、繁琐、令人紧张，只要把握好实验中应该注意的问题，扎扎实实地做工作，就能够轻松驾驭。

实验课同其他教学工作一样，是完成教学目标、教书育人的一个重要组成部分，更是检验优秀教师工作的一个重要标准。什么叫做优秀？就是别人不能很好完成的工作，你却做起来游刃有余，并能够出色地完成。

第四节　对教材的二次加工

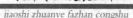

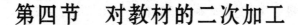

教师和学生共同的朋友可以说就是教材了，教材是谁也离不开的教学、学习工具。教师更是把它视为根本，为教科书是从。但真要就此视它为检验真理的唯一标准吗?

不可否认，教材是课堂教学的知识载体，是教师进行教学的基本材料和学生认识世界的媒体，也是师生双边活动的主要依据。教师是应该尊重、充分利用手中的教材。但值得注意的是：单单照着教材“照本宣科”是远远不够的。在依赖教材的同时更应该要做教材的开发者、决策者和创造者。

在新课程改革的今天，教师的角色从单纯的“教书匠”转变为自觉的“研究者”、主动的“实践者”和“反思者”，教师的再学习是很有必要的。所以，对待教材也应有新的认识：

一、对新教材的地位和作用的再认识

以往基础教育课程的实施通常是统一内容、统一教材教参，教师多依赖教科书和教学参考，丧失了一些独立性和创造性。然而，在新的课程环境下，教学的多样性和变动性给教师提供了创造新的教学形式的机会、一纲多套教材给教师增添新的教学内容的空间，因此教师不再是“搬运工”，学生也不再是装知识的“容器”，教师要结合学生的实际、兴趣爱好、能力、态度、情感等方面的差异，重新构建自己的教学方式，而教材成为了英语教学中师生运用语言进行交际活动的依托和出发点，教材由传统的“规范”教学转向为教学服务。

二、树立正确的教材观

坚持和树立正确的教材观，就是坚持一切从实际出发，坚持原则性和灵活性的有机结合。这是教师处理教材必须遵从的原则之一。要明确正确的教材观务必明确下列四点：

1．坚持以学生为本。

教材是教与学的依据，是教师向学生传授知识的载体。教学的落脚点是学生，所以教学必须以学生为本。人本教育的理念强调一切教学活动以人为中心，注重人的个性及差异性，注重人的主观能动性和创造性。这既符合素质教育的要求，又适应时代发展的客观需要。我们在教学实践中，要倾注极大的心力去关注学生的学习兴趣、学习情感和学习态度的变化，采取有效措施加以引导，使其能够健康成长。

2．科学地使用教材。

教材在教学过程中起着至关重要的作用。但是，教材只是教师用来“教”学生的媒介。我们也不能盲目崇拜教材，成为教材的奴隶，让教材完全控制我们、束缚我们的手脚。在实际教学过程中，我们应该是教材的积极开发者。应根据学生的具体情况和教学的需要，合理、有效整合和使用教材。真正做到依托教材但不完全依赖教材，从“死”教教科书转向“活”用教科书。在对教材内容处理上，可进行如下几点尝试：

①依据课标，把握目标，结合实际，进行多套教材统整。

②利用本地文化活化教材，激活学生。

③对适合的教材内容或问题设计进行延伸，让学生的潜能得到最大限度的挖掘。

④充分挖掘教材，对教材中存在的不确定表现的方面，将促使自己的思考和探究，力求用知识和经验扩充教材留出的空间。

⑤合理地安排教学内容的顺序，尤其对语法部分进行系统的调整。

3．教师必须与时俱进，不断提高自身的素质。

树立正确的教材观必须不断提高教师自身的素质。做到与时俱进，我们还须在以下方面不断钻研和提高。

①仔细研读新课程标准，进一步准确把握新课程标准的理念、目标和内容，并用来指导自己的教学实践，不断提高对课堂教学的驾驭能力。

②学习并掌握现代教育技术，使用多媒体辅助教学，充分利用现代教育技术转变学生的学习方式，促进学生全面发展，提高教学质量和效率。

③加强中外文化修养，拓宽知识面，活化和拓宽教材内容。

④对教育学、心理学进行研究和实践，能根据学生的心理特征和实际情况选择和调整恰当的英语策略和教学方法。

新课程标准给我们带来了新的教学理念，而新教材又为我们提供了实践这些教学理念的机会。我们应树立“带着学生走向教材”的教学思想，以教材为基础，进行教材统整的实践，创造性地使用教材，才能避免学生成为教材的被动者和吸收者，而成为学习主人，达到教学效果的最优化。

因此，对教材做二次加工这个环节是必不可少的。优秀教师会抓住教材的本质，对教材进行适度开发，目的是更加激发学生的学习兴趣和潜能。深入地分析教材和全面地掌握教材是课堂教学设计的基础，是取得良好教学效果的前提条件。大量实践证明，只有对教材进行深入细致的钻研，真正领会教材的实质，对教材的处理符合学生的认识规律，才能促进学生的学习，取得良好的教学效果。

叶圣陶先生说过：“教材无非是个例子。它只能作为教课的依据，要教得好，使学生受益，还要靠教师善于运用。”一方面教师要站在学生的角度来审视教材、处理教材、运用教材，让教材为学生的发展服务。这就要求教师在认真阅读、全面分析、融会贯通教材的基础上，根据学生的认知水平和心理特点，把教材的文字系统转化为适合学生接受和有利于学生发展的教学活动系统。另一方面教师应多角度钻研教材，创造性地理解和使用教材，要尽可能地由教材的“复制者”转变为教材的“创造者”，要根据自己学生的实际情况和课程标准的要求，对自己使用的教材做出适当的裁剪，从教教科书向用教科书转变，加深、拓宽课程的内涵和外延，从而达到最好的教学效果。

教师对教材的创造性使用可以从以下几个方面进行：

一、教材内容生活化

要对教材二次加工首先就要从教材和学生生活密切联系的方面着手，打通科学世界和生活世界的隔阂，使教材内容生活化。让学生感受到知识在生活中的意义，从而激发学生的学习热情和学习动机，使学生在学习过程中获得经验和体验，让学生在获得知识技能的同时，培养学生良好的情感态度价值观。教材内容生活化使教材不仅更适应学生心理需求，而且促进了理论和实践有机结合。

如何把枯燥的经典内容与学生实际结合起来，需要教师对教材在理论转化方面有所创新，这无疑是对优秀教师的一个巨大考验。

二、教材内容问题化

学生学习的过程是一个不断发展问题、分析问题、解决问题的过程。需要教师对教材进行问题化处理，把教材内容设置为由“一根红线”作为线索“链接”起来的问题。在教学中用启发引导方式逐步地解决一个个问题，并注重在引导学生解决问题的过程中产生各种“奇异”想法，发出“不同声音”，从而将教学引向深处，引向创新生成。

三、教材内容活动化

教材所显现的是理性的冷冰冰的“死”知识，要使知识变得鲜活，变得富有情感，就必须通过学生的活动具体操作，到各种活动中去体验，将知识吸收、升华，纳入到自己的知识体系当中。

教师对教材进行分析研究，是教师工作科学性的重要体现，是教师由“教书匠”向“教育家”华丽转型的关键一步。教材分析既是一个认知过程，又是一个创造过程。从认识论的角度来看，理解教材是一个由表及里、由浅入深、由此及彼、由部分到整体、由现象到本质的升华过程。从创造的角度来看，钻研教材也是一个深入探究、多向思维，捕捉灵感、开拓突破的创新过程。

总之，作为教师，一定要在不断地感悟、融合、创新中转变“以教材为本”的旧观念，确立“以人为本”的新理念，高瞻远瞩，把握教材编制的命脉，用好教材，科学地处理好教材，从而激发学生的学习兴趣和潜能，促使学生在知识、能力、情感态度、价值观等方面全面发展。

教学的过程其实是一个不断创造的过程，所以对教材的二次加工十分有必要。教师应该用自己独特的个性，把自己对教材内容的感悟、体验、激情、灵感和时代的现状、自己的经验结合在一起，再融合在教学过程中，不要把教材拿起来就用，要对教材进行重新钻研、处理，并与学生进行灵活的课堂交往。

第五节　肢体语言，无声胜有声

一堂重要的公开课，要运用什么样的方式才能引起学生们的兴趣，这是很多新老师感到棘手的一个问题。面对陌生的学生，要如何让教师上好这堂课，更是很多新老师经常探讨的一个话题。

在难于表达的情况下，肢体语言作为教学语言中富有表现力的特殊语言，无疑为教师们解决了大问题。

肢体语言是人们在交际中用来传递信息，表达感情，表明态度的非语言的特定的身体姿势，包括说话者的面部表情、眼神、手势等。作为教学中的一种辅助教学手段，形象而又生动，能帮助学生理解，能活跃课堂气氛，能提高学生对英语的学习兴趣和课堂教学质量。

一、激发学生的兴趣

在学生畅所欲言之际，教师随时翘起的大拇指，面带微笑、点头示意，表扬学生的语音、表情、词汇及程度，都培养了学生的兴趣及自信心。

有教师丰富的肢体语言作为辅助教学，学生的兴趣被激发了，师生的关系也被拉近了。浓厚的学习兴趣是学生学习活动的原动力，激发和培养学生的学习兴趣是教学得以成功的首要条件。

二、创造良好的学习气氛

公开课需要一个和谐、轻松愉快的课堂环境，创造一个宽松、愉悦的课堂气氛，使学生产生说的愿望和自信，从而敢于开口、乐于开口。

可能教师所选择的班级同学和这位教师的关系并不是特别熟悉，学生与老师之间的陌生感阻碍了交流，在这种时候，教师就可以利用丰富的肢体语言进行幽默的表达，比单单用语言与学生沟通可以起到事半功倍的效果。

当学生迫切希望能继续有机会与教师互动时，课堂气氛也异常热烈起来。只需几个动作，学生一下子就进入"状态"。这样多种感官协调动作，学生学到的不仅仅是些对话，而是学到初步的语言交际能力。学生在这样的氛围中也能感到有安全感，才能积极参与，思维活跃，兴趣盎然。

教师以一种朴素自然，端正典雅的仪表出现在学生面前，用含蓄的微笑、轻松的表情、亲切的目光环视全体学生，真诚地问候每一个学生，情绪饱满地参加角色表演；用鼓励的目光要求学生勇于尝试；情不自禁地为他鼓掌，同时报以赞许的目光；在紧张的学习过程中，不时出现一些幽默的举止，放松一下学生紧张的大脑。教师这一举手一投足，不仅可以缓解学生的焦虑、紧张情绪，热情鼓励学生大胆开口，克服交际过程中的心理障碍，还能融洽师生关系，并且形成一种浓厚的激励氛围，使学生更踊跃地投入学习。

三、帮助理解教学内容

由于体态语有直观性的特点，而生动的表演往往更能吸引学生的兴趣。因此，教师不妨在公开课中采用简短的哑剧或小品来展现课文内容，让学生在好奇、欣喜中产生学习的欲望，从而融入课堂。

把具体句子形象化，使学生乐于学，更便于学生的灵活运用。用这种体态语来配合教学，引导学生摆脱了母语的影响，迅速掌握所学的语言知识，同时由于学生在课内一边看老师，一边动脑思维，大大提高学生的学习兴趣，使学生自始至终处于积极学习的状态。

所以，在教师的众多肢体语言中，可以得出以下结论：

一、微笑是教师的一种积极肢体语言

德国哲学家康德说过：人是能够笑的动物。会笑，是人与动物的区别之一。微笑是人的积极肢体语言的集中体现。

生理学研究表明，人在微笑的时候，一方面，心跳平缓、血压正常，肢体动作协调；另一方面，心情放松，心态平和，眼中透出温情与和善。心理学研究表明，喜欢微笑的人，不容易发怒，对待问题现象和人的言行，往往易于理解和宽容。同时，笑和兴奋的情绪一样能够刺激大脑的快速思维。笑能够提高人的记忆能力，因为人的记忆随心理状态的波动而波动，愉快的心理，会容易让人记住更多的事物，一分钟的笑，能够产生45分钟的放松作用。经常微笑的人，有利于自己的身心健康，也有利于处理人际关系，给人容易接近和相处的感受。

微笑是一种表情，是积极肢体语言的反映。微笑不但能够保持自己良好的外在形象，而且也影响着自己和别人的情绪体验。真诚的微笑能够调节体内的荷尔蒙，体内产生的氨多分，能够让人由内而外释放出愉悦的光彩，由此，微笑是一种传播快乐的过程。

无论从哪方面来说，作为一种积极的表情和肢体语言，微笑的理由是充分的。保持微笑至少有十大理由：①微笑比紧锁双眉要好看。②令别人心情愉悦。③令自己的日子过得更有滋有味。④有助结交新朋友。⑤表示友善。⑥留给别人良好的印象。⑦送给别人微笑，别人自然报以你微笑。⑧令你看起来更有自信和魅力。⑨令别人减少忧虑。⑩一个微笑可能随时帮你展开一段情谊。

教师的微笑拥有着无穷的教育魅力。教师微笑着面对学生，能给学生一种宽松的师生交往人际环境，能使学生感受到教师的理解、关心、宽容和激励。教师的微笑是腼腆学生的兴奋剂，使他们得到大胆的鼓励，敢于去表达自己；教师的微笑是外向好动学生的镇静剂，使他们得到及时的提醒，意识到自己的言行需要控制和自律。教学工作中教师的微笑能够活跃课堂氛围，活跃学生思维，活跃学生的情绪；德育工作中教师的微笑是对不良行为的理解和宽容，引起学生的自我反思和觉醒，是对良好行为的鼓励和赞许，激励学生不断努力和进取。教师的微笑和严厉同样重要，但二者相比，微笑更平和、温和，更可亲、可爱。严厉的教师令学生敬畏，微笑的教师令学生喜爱，善于在严厉中不时渗透会意微笑的教师，则令学生敬爱。

教师微笑着面对同事，校长微笑着面对教师，有利于构建合作性的同事关系，有利于营造一种积极向上、追求卓越、团队学习的发展型组织。用微笑去赞美教师和领导，用微笑去化解误会和冲突，用微笑去谋求合作和合力，用微笑去交流思想和灵感，你会体验到教育的巨大幸福，你会少许多焦虑、困惑和无助，多许多理解、支持和帮助。

教师的微笑应该是善意的、会意的，发自内心的，而不应该是装出来的、无奈的、痛苦的笑。只有心中装着学生的教师才会有甜美的、会心的、善意的微笑，只有真正尊重学生的地位，尊重学生的人格，尊重学生的潜能，教师的微笑才会起到作用。

不苟言笑未必就是好老师，一味严厉未必就是好老师。在如今的中小学教育中，微笑成为一种极易忽略，甚至稀贵的教育资源。一笑泯恩仇，笑一笑十年少，笑比哭好。既然如此，我们何不对学生多一点微笑，对同事多一点微笑，对家长多一点微笑呢？笑一笑吧！让太阳冲破阴霾，让温暖取代酷寒。笑，是语言的礼貌，教师的一个微笑能够让自己赢得学生，也能够让学生赢得整个世界！

二、与微笑相伴的肢体语言

微笑是一种表情，而任何表情都是与肢体语言相关联的。表情如果没有肢体言语相伴，微笑的感染力也会大打折扣。美国著名作家威廉·丹福思说："我相信一个站立很直的人的思想也同样是正直的。"这说明肢体语言的影响力。人的肢体语言时刻向他人表达出各种信息：他对别人的态度、希望、要求、亲近或疏远、支持或反对等等。

心理学家埃克曼认为，表情是用来表达情绪的，而身体语言，如姿势、手势、眼神等是用来传递信息、加深理解和印象的。他总结出肢体语言的七大功能：①提供信息；②调节交流；③表达亲和力；④表达社会控制；⑤表现功能；⑥情感影响管理；⑦协助达到目标任务。如何发挥肢体语言的功能，也是教师应关注的细节问题。在与学生交流的过程中，教师的肢体语言也是十分重要的。只要走进学校，无论是在课堂上，还是在办公室，教师的肢体语言就已经悄然地和学生进行交流了。教师走路的姿势、站姿、坐姿、神态、目光、进入教室门的仪态、与学生谈话时的姿势、告别的姿势等等，都会以无声的形式向学生传达着不同的信息。

一位教师提到她亲身经历的教学故事：一天，她给学生上《我的老师》一课。课文表达了作者对一位腿部残疾老师的感恩和尊敬。课文中写道，这位身体残疾的老师从不坐着讲课，尽管腿部行动不便，依然几年如一日，坚持站着给学生上完所有的教学内容。学生们在学完这篇课程后，也对课文中的残疾老师充满了景仰和敬意之情。为了能够引起学生对残疾老师坚持站着上课行为的思考，这位教师在上课时有意坐着讲课，试图考验学生的感受。不出所料，下课前，有位男生果然对她坐着讲课的行为提出了质疑。一个残疾、一个健康，一个站着讲课，一个坐着讲课，对学生的情感冲击是多么的不同。教师的身体语言不仅传达出不同的信息，也会产生不同的教学效果。

经常见到有的老师习惯于双臂交叉于前胸同学生面对面谈话。这种姿势会产生什么样的效果呢？也许许多老师没有意识到这一姿势的消极影响。有一个“身体语言培训班”做过这样一个实验：培训班任课教师要求学员用身体动作表示对某一事物或某个人的对抗和不屑一顾的态度时，大家惊奇地发现，绝大多数学员采用了双臂交叉抱在胸前的动作。也许双臂交叉抱于前胸的动作似乎自然、舒服，但它会使学生感到被教师不屑一顾，容易使学生产生对抗的心理。

在教师的身体语言中，眼神是非常重要的。正视学生显得尊重学生，斜视学生表示鄙夷；怒目表示气愤，慈目表示关爱；耷拉着眼皮爱理不理，表示轻视，注视的眼神表示关切。眼睛是心灵的窗户，你的眼神透露出对学生的所有态度。一个有魅力的教师，要善于运用眼神。

三、非言语动作练习

不注意肢体语言的修炼，往往会败坏教师在学生心目中的形象，减损教育的积极效果。肢体语言不是生来就会的，相反需要用心去修炼。

1. 微笑训练

怎样获得一个迷人的、有影响力的微笑呢？大家不妨按照以下 3 个步骤练习：第一步，对镜子摆好姿势，说“E——”，让嘴的两端朝后缩，微张双唇；第二步，轻轻地浅笑，减弱“E——”的程度，这时可感觉到颧骨被提后上方；第三步，相同的动作反复几次，直到感觉自然为止。

微笑要注意三个结合。一是与眼睛的结合。当你微笑的时候，你的眼睛也要“微笑”，否则，给人感觉是“皮笑肉不笑”。眼睛是心灵的窗户，眼睛会说话也会笑。如果内心充满温和、善良和厚爱时，那眼睛的笑容一定非常感人。眼睛的笑容有两种：“眼形笑”和“眼神笑”。二是与语言的结合。平时工作中我们不要光笑不说，或者是光说不笑。教师面对学生时，应微笑着说：“请”“你好”“继续努力”等礼貌用语。三是与身体的结合。人们常说的肢体语言也是传递信息的一个重要方面。微笑与正确的身体语言相结合时，才会相得益彰，给学生以最佳的影响。

2. 身体语言训练

一个有魅力的教师除了必备的教育实践知识外，还取决于三个重要因素：性格、形象和能力。一颦一笑，举手投足，皆能反映出其性格、形象和能力。身体语言对形象、性格和能力的影响还是十分重要的，正如爱默生所说：“你用什么语言也无法表达你没有的内容。”在教学过程中，教师的身体语言有时本身就是一种有效的教学方法和情感表达方式。因而，身体语言的训练是必要的。

身体语言的表达需要尽量避免消极的身体语言：避免抓耳挠腮、摸眼、捂嘴等具有说谎嫌疑的动作；避免双臂交叉在胸前，或者倚靠在门上，因为它表示抵触、抗议、不屑一顾、防范、疏远；避免脚腿随意抖动，因为它告诉人们你内心紧张、不安或玩世不恭。尽量采取积极的身体语言，如身体的接触，传递亲和力；交流时与对象的距离适当缩短，以增进情感距离，但对成年异性则保持适当的身体空间距离；倾听时身体前倾，目光全神贯注，表达尊重、理解和关心。还有一些身体语言也是需要适当采用的，如倾听时把手放在脸颊，意味着你在倾听的过程中正在分析和评估对方所说的话；把手放在下巴上，表示考虑对方的意见；双手指互对并指向上方，表示出自信；眼睛迅速上跳，表示对对方的话很兴奋。人体是一个巨大的信息库，一旦动起来，就意味着全部思想的流露。

第四章　课堂氛围的调动

课堂氛围是在教学过程中产生、发展起来的。它是我们教学活动存在的心理背景，也是进行创造性教学的必要条件。无论是成功的教学，还是失败的教学，其中都有课堂气氛的功与过。课堂气氛的优劣直接制约和影响师生关系，以及双方信息与情感的交流；直接制约和影响教学过程和结果，它是课堂学习赖以发生的心理背景。

健康积极的课堂气氛，有助于提高学生的积极性；反之，则会降低学习效果。公开课是一种非常规课堂，建立一种恬静与活跃、热烈与深沉、宽松与严格的课堂氛围对学生的紧张拘谨能起到关键作用。

第一节　用幽默赶走沉闷

生活中没有幽默是乏味的，课堂上如果没有幽默也是枯燥的，枯燥的课堂很难引起学生的学习兴趣。课堂气氛沉闷，学生情绪低落，如此一来，课堂教学效果肯定不好。所以，要想提高课堂教学效率，必须激发和保持学生的积极情绪。因为只有充分激发出他们高涨的学习情绪，才能使其对学习充满兴趣，注意力高度集中，深刻理解和记忆教师所教授的课堂内容。幽默激发法就是一种有效激发学生积极情绪的好方法。

课堂上教师恰当地运用幽默，会给学生带来无限的欢乐。其主要特点表现为：教师讲课生动形象，机智诙谐，妙语连珠，扣人心弦。一个生动形象的比喻，如醍醐灌顶，开启学生智慧之门；一个恰如其分的幽默，如饮一杯清新的甘泉，让人浅斟细酌，回味无穷；一个富有哲理的警句，给学生以启迪和警醒。

在这种欢快的课堂氛围中，学生心情舒畅，乐于学习，情绪高涨，师生关系融洽；在轻松愉快的气氛之中，灵感伴随着智慧火花和谐相生，进而达到“善歌者使人继其声，善教者使人继其志”的教学效果。

因此，教师要善于在课堂上通过幽默的语言来调动学生上课的积极情绪，从而达到高效课堂的目的。

一、让幽默激发积极情绪

我们来看看幽默的武老师在课堂上的表现。在讲授《我爱故乡的杨梅》时，武老师用幽默风趣的一席话，让学生们在笑声中理解了作者的真情实意。那天，武老师请一个叫小荣的学生站起来朗读。这篇文章语言清丽、细腻，很能激起学生们的阅读欲望。小荣读得非常认真、传神，其他同学则一边看书一边听，个个聚精会神，好像已经完全融入作者所描述的诗情画意之中了。

“细雨如丝，一棵棵杨梅贪婪地吮吸着春天的甘露。端午节过后，杨梅树上挂满了果实。杨梅的形状、颜色和滋味，都非常惹人喜爱。没熟透的杨梅又酸又甜，熟透了就甜津津的，叫人越吃越爱吃。”

读到这里，大家更觉得小荣清亮甜美的嗓子里发出的已经不是朗读的声音，而是杨梅的香味了。在这有声有色、有韵有味的语言的带动下，同学们仿佛走进了静谧的果园，准备采摘杨梅了。小荣读完后，于老师看着下面的学生，评价道：“在刚才的朗读过程中，小建最投入，因为他在边看课文边听小荣朗读的过程中，使劲地咽过两次口水。”

学生们听了一愣，但是很快就明白了武老师在开玩笑，于是发出“咯咯”、“哈哈”的笑声。等大家安静后，武老师继续讲道：“所以，我可以非常肯定地说，课文中描写的事物，已经在小建的脑海里变成了一幅幅鲜明生动的画面，甚至我敢断定，就是因为他仿佛看到了那红得几乎发黑的杨梅，就是因为羡慕作者能够大吃又酸又甜的杨梅果，才不由自主地流出了‘哈喇子’……”听到这里，班里又是一阵更响的笑声。

等大家安静后，武老师接着说：“所以，大家读文章应该像小建那样。边读课文边在脑子里‘过电影’，把文字变成画面，那样就证明你读进去了，读懂了。呵呵！其实刚才老师也流口水了，只是没让你们看见而已。”学生们又笑了。

就这样，通过幽默风趣的语言，武老师把抽象的文字变为生动的画面，让学生们不费吹灰之力就理解并记住了，相信一辈子都不会忘。武老师的幽默，不仅体现在课堂教学时，更体现在批评教育学生时。

记得有一次，小队长崔广徐收作业，可是他的队员李朝军、张安军、赵从军都没带作业来。这让崔广徐很生气，于是就去向老师“告状”。看着崔广徐非常生气而其他三个人却若无其事的样子，武老师明白了：看来这几个调皮鬼在平时不怎么听崔广徐的话啊！得想个办法帮一下崔广徐。恰好那天崔广徐穿了一件崭新的蓝毛衣，肩部设计得很别致，有个小小的开口儿，还钉了四个黄色的金属扣。

于是，武老师说：“现在广徐了不起了啊！成大尉了！”

这句话说得四个学生莫名其妙，迷惑不解地看了看老师。

“不信？你们看他的衣服。一道杠、四颗星。难道不是广徐晋升为大尉，是‘大尉司令’了？所以啊，从现在起，你们‘三军’更得听他的了（平时，老师称呼李朝军、张安军、赵从军这三个学生为‘三军’）。”“那我们是什么啊？他都当大尉了？我们还是兵吗?”“三军”中最调皮的李朝军问。“那当然喽！你们不仅还是兵，而且是列兵。”“不！我们才不要当劣兵呢，我们要当好兵!”

“呵呵，我说的‘列兵’是‘列’，‘排列’的‘列’。而不是‘恶劣’的‘劣’。”说着，武老师随手把“列”写在了黑板上。

“当然，你们也可以晋升。不过，需要看你们的表现。如果你们进步了，就可以晋升为上等兵、下士、中士、上士。呵呵，你们不知道吧，仅‘兵’就有五个等级呢。所以啊，你们一定得好好干!”

崔广徐一听，立刻就一本正经地下了命令：“你们回家拿作业。如果没有做完，中午一定记得补上，否则可要军法处置了。”

“三军”一听，乖乖地走了，并且在中午时完成了所有没做完的作业。

就这样一句幽默的玩笑话，既改变了“三军”，让他们变得顺从、听话，又帮崔广徐树立了威信。

德国著名学者海因·曼麦说：“用幽默的方式说出严肃的真理，比直截了当地提出来更能为之接受。”武老师的教学实践就充分地证明了这一点。

在日常生活中，大家一致认为武老师最大的特点就是幽默。他幽默的语言，让学生们、同事们和家人都感到轻松和快乐。

经过多年的教学实践，武老师慢慢形成了自己幽默的教学风格。在武老师看来，幽默无异于“小插曲”、“润滑剂”，它可以让原本了无生趣的课堂变得活跃热闹，让调皮捣蛋的学生变成认真学习的好“兵”。而最根本的是，可以让学生们接受“教育”，建立了和谐、温暖的师生关系。

很多时候，一些老师过于严肃，一旦学生犯了错误，就会习惯性地板着脸教育一番，并认为这样会震慑住学生，迫使他们不再犯类似的错误。而事实真的如此吗？相信这些老师自己也明白，这种方法不一定有效，甚至还会令一部分学生产生叛逆心理。

而老师的幽默式教学恰好弥补了这些缺憾。

有人认为，幽默是教师睿智的语言艺术。因为它可以将教师的教育意图直接传达给学生，实现师生之间的心灵沟通。它既可以让学生们在笑声中接受教育，还能让他们从老师幽默的语言中明白：老师是在教育我们，但是却没有因我们的错误而生气。

我们试想一下，如果武老师仅看到了小建的“哈喇子”，而没有运用幽默的想象，只是单纯地给学生们讲杨梅如何酸、如何甜，相信即便学生们当时记住了，也有可能扭过头就把这些知识丢到九霄云外去了。如果武老师知道“三军”没带作业之后，就大声训斥他们，或者直接说他们表面上是没带作业本，实际上是没写作业的话，相信“三军”一定会顶撞老师，或者认为崔广徐“好打小报告”不再听他的话，那样崔广徐这个小队长以后一定会“有好果子吃”，而“三军”也依然是调皮捣蛋的学生，甚至成为“问题学生”。

但是，后面的一切都没有发生，因为武老师用幽默的方式，将这一切都在谈笑中化解了。

幽默绝不是讽刺、挖苦，绝不能因此伤害学生，更不能借调侃学生来快乐自己或者娱乐他人。如果是这样，幽默就变味了。这样的幽默，比直接的讽刺、挖苦，还要伤害学生的自尊。

所以，教师在运用幽默语言讲课时，一定要多加注意，不能乱幽默、瞎幽默。

1. 用幽默把枯燥内容变得有趣，让学生听课情绪高涨

有些学科的教学内容是很枯燥的，在讲授这些内容的时候，教师可以适时说一些幽默的话语或笑话，使学生在笑声中不只是得到启示，受到教益，更重要的是能激发起他们听课的高涨情绪，使他们愿意听、爱听，对学习内容产生兴趣。

如果教师很严肃地走到讲台干巴巴地把知识讲出来，必然会使这节课枯燥无味，学生也不会有足够的兴趣去听，情绪肯定不高。所以教师应在幽默风趣、极富情趣的讲解中，加上一些有趣的小故事或笑话，来吸引学生的注意力，激发学生的听课兴趣。

2. 用幽默活跃氛围，使学生低落的情绪变得积极

心理学研究表明，人们在良好的情绪状态下，思路开阔，思维敏捷，解决问题迅速；而心境低沉和郁闷时，则思路阻塞，动作迟缓，无创造性可言。幽默风趣的语言具有极强的情绪感染力，能有效地激活课堂气氛，使学生人人精神愉快，个个情绪激昂。在课堂中，教师不失时机地运用幽默风趣的话语或事例进行教学，可以给紧张、沉闷的课堂注入兴奋剂，形成宽松、愉快、和谐的教学气氛。

3. 用幽默增强教师魅力，令学生因兴奋而情绪高涨

据调查表明，学生都喜欢幽默风趣的老师。这样的老师让学生感到亲切，没有距离感，所以他们的课也相应地受到学生的欢迎。幽默风趣的老师因人格魅力而吸引学生，而学生也因为喜欢这位老师而变得在课堂上学习情绪高涨。

所以，一个幽默风趣的老师，能更好地促进师生之间的情感交融，相互信任，彼此宽容，才容易形成热烈活泼的教学气氛。

二、实施幽默教学的具体策略

虽然幽默能极大地调节学生的积极情绪，但教学幽默需要以健康的个

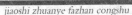

性心理因素作为支撑点，以打造健全的个性心理品质。教学幽默要有分寸，诙谐要有尺度，这样才能自如拓展教学的空间，也才能潇洒演绎个性化的教材，做到幽默中不失本分，欢乐中不乏启发，从而有利于调动课堂的教与学的积极性。那么，在运用幽默激发积极情绪时应注意哪些问题呢？

1．了解教学幽默的特性

教学中体现出的幽默既具有一般幽默的特性——感染性、高雅性、机智性、含蓄性、启发性，又要具有自身特殊的规定性即教育性。而教育性是教学幽默的根本，教学中所体现的幽默是形神兼备的，其形是幽默，其神是教育，幽默诙谐绝不能脱离教育性。幽默教学不是教学的目的，它只是一种教学的手段，必须为教书育人服务。

2．幽默时机应恰当

幽默教学的前提是为教学所需，所以一定要时机恰当。一是为学生心理所需，即在学生情绪不高，心理疲劳，注意力分散或心情紧张等情况出现时，及时插入幽默；二是为教学内容所需，即在教学内容包括有幽默素材或可用以进行幽默创造时，及时使用和创造幽默。一旦时机到来，恰当地运用幽默，整个教学过程就会错落有致，高低起伏，大大激发学生积极的情绪。

3．把握幽默的分寸

幽默有利于教学，但我们绝不能“为幽默而幽默”，正如老舍所说“死啃幽默总会有失去幽默的时候；到幽默论斤卖的时候，讨厌是必不可免的”。如果教师脱离教学内容，一味调笑逗乐，插科打诨，虽然能激发学生的积极情绪，但却达不到任何教学效果，只会弄巧成拙。

4．用笑话激发积极情绪

学生都喜欢听小笑话，在教学过程中，当发现课堂气氛有些沉闷时，教师可以适时恰当地说些富有哲理性、知识性和情趣性的笑话，这样可以驱散学生听课枯燥的情绪，提高他们的注意力。

在教学中教师正确、巧妙地穿插笑话，不仅可以激发学生的积极情绪。还可以起到弦外有音、启人深思的作用，有利于育人品德，沟通师生情感。

5. 妙引典故，激发学生积极情绪

中国历史上有许多典故。这些典故事实上都是一种劝说方式，同样也都包含了诙谐的笑话和知识，我们对此要古为今用。引用这些典故，既能调动学生高涨的情绪，还可以使学生加深理解传授的知识。

6. 用比喻激发积极情绪

所谓比喻幽默，就是运用形象生动的比喻来激发学生积极性的方法。大家都知道历史是一门很枯燥的学科。有一位历史老师在讲述世界现代史'二战'后日本经济崛起"一节时，为了激发学生听课的积极性，他先向学生做了这样的说明："日本在战后经济的腾飞很大程度上依赖于美国的纵容和扶植，因此'二战'后日本的内外政策在很长一段时间里都唯美国马首是瞻。具体地说，就是美国打个哈欠，日本就要感冒了。"这就是比喻幽默。如此比喻，既形象生动，又贴切恰当，学生在笑声中，学习的积极性提高了，同时还准确地把握和理解了"二战"后的美日关系。

7. 移植幽默法激发积极情绪

移植幽默法即将影视、歌曲、小品、漫画、小说等作品中的情节或语言巧妙地用于教学中，从而激发学生的积极情绪。这是一种采用大词小用或小词大用，古词今用或今词古用，同话异境或异话同境等方式而产生幽默效应的方法。

例如，一位教师在讲授"货币的产生"时，讲道："当你走进新华书店，拿着一本《英汉词典》爱不释手时，怎么办呢？你不可能指望营业员无偿奉送，也不能学孔乙己——'窃书不算偷'（学生异口同声地回答，并发出愉快的笑声），只能拿钱去买。为什么一张薄薄的纸片，就能买到各种商品呢？"

在这里，"窃书不算偷"就属于移植，这种语言上的巧妙移用，诙谐有趣，会立刻引起学生听课的兴趣，积极性自然就提高了。

8. 夸张幽默法激发积极情绪

夸张是从形象、特征、程度、数量、作用等方面作夸大或缩小的描述方式，就是"言过其实"。夸张时，无论是语言还是肢体动作都让人感觉很滑稽、好笑，它是造成语言幽默和喜剧色彩的一种常见手段。

在教学中，如果教师能巧妙地运用幽默法，可以很好地引起学生的注意，激发他们的积极情绪。例如，一位教师讲授“意识是人脑的机能”时，为了不让学生感到枯燥，他对“意识活动像胆囊分泌胆汁一样”这一观点作了这样的批判：“这就是说，一个人思维越敏捷，脑浆分泌得就越多。在座的各位勤奋好学、思维敏捷、聪明过人的同学，现在，大家不妨赶快摸一下自己的鼻子，看看有没有脑浆流出来。”“哈哈哈”，学生们大笑，都下意识地去摸自己的鼻子。在这笑声中，学生学习的积极情绪有了很大的提高。

9. 糊涂幽默法激发积极情绪

教师在教学时，故意对一知识装糊涂，或假装不知，或假装说错，一向看惯了老师口若悬河、滔滔不绝的学生，难得看到老师“糊涂”，因此他们这时就会想方设法为老师纠错，让老师明白某一道理。所以，学生的学习热情会空前高涨，课堂气氛极其活跃。

10. 谐音幽默法激发积极情绪

有位历史老师常在教学中运用这种方法，如在讲述中国近代史“太平天国运动”一章时，提到洪秀全永安封王，这位教师幽默地说：“东羊（杨）西销（萧），南逢（冯）北违（韦）。”意为东边的羊拉到西边市场上销售，向南逢迎，对北违抗。而在讲述中国古代史“明朝对外关系”一章时，对当时在位45年的嘉靖这个无能的皇帝，他是这样描述的：“嘉靖嘉靖，家家皆净!”即每一个家庭都被剥削得一干二净！这种谐音幽默法很快就激发了学生的积极情绪，而且还很快地记住了这些历史知识。

11. 利用突发事件巧设幽默，激发积极情绪

课堂上难免会发生一些突发事件，如：刚要上课，窗外飞进来几只蜜蜂或蝴蝶；学生朗读课文的时候将难念的字念错而引起笑声；大风吹来将教学挂图吹落在地等等。对于这些突然发生的事，教师如果视向不见，继续讲课，会让学生感到失望，影响他们上课的积极情绪。相反，如果能够抓住这一个个稍纵即逝的机会，即兴发挥，加以一两句简短的幽默评语，则可带给学生一些意料不到的惊喜。从而吸引学生注意力，调整他们的心

情，提高教学效率。

一位历史老师正准备讲述“日本侵略者发动‘卢沟桥事变’开始全面侵华”一段时。突然窗外吹进一阵大风，将教学挂图吹落在地。学生们注意这一现象，开始交头接耳。此时，这位老师一边不慌不忙地走过去将教学挂图拾起，一边自言自语地说：“看来大风也在反抗日本的侵略！”大家哄堂大笑起来，老师也会心地笑了。这样课堂气氛立刻活跃起来，学生们听课的积极性马上高涨。

12. 虚拟情境幽默法激发积极情绪

虚拟情境幽默法即在教学中，假设某种情境并把它讲出来。虚拟情境幽默法能起到吸引学生注意力，激发学生学习兴趣，使其情绪高涨的作用。

例如：

一位教师在讲授“通货膨胀”时，就采用了虚拟情境幽默的方法：“有同学说，现在人们生活水平不好，就是因为经济收入不高，要是我当上了中国人民银行行长，我就多印些钞票，发给人们改善生活。”老师的话音刚落，教室里就响起了学生们爽朗的笑声。

幽默是改善学生心境，引发其积极情绪的一种效果极佳的方法。幽默、风趣的课堂语言，会紧紧地吸引着学生的心，使他们学习的积极性不断高涨，沉闷枯燥的课堂变得生动活泼、妙趣横生。因此，教师要善于利用幽默，用幽默的语言代替枯燥的说教，激发出学生的课堂积极情绪，提升教学效果。

你想让你的语言“黏”住学生吗？想让你的学生对你的课备感兴趣吗？想让他们紧紧跟着你走，聚精会神听你讲课，生怕漏过你说的每一句话吗？那么，来点儿幽默吧，因为幽默就是教学的利器！幽默既能活跃课堂气氛，又能吸引学生的注意力，何乐而不为呢？

也许你会说，为人师者，传道授业解惑乃是根本，怎么能和学生插科打诨呢？错了，其实在课堂上间或来点幽默是很有必要的。苏联著名教育家苏霍姆林斯基曾经说过："教师的语言修养在很大程度上决定着学生在课堂上的脑力劳动的效率。"

是的，幽默，能给学生带来欢笑、带来理解、带来信心。

第二节　让故事装点课堂

说起故事，我们再熟悉不过了。

每个人的童年就是由许许多多的故事连接起来的，甚至可以说，你脑海中的故事史就是你的成长史。

心理学研究材料表明：普通中学的初中生爱听故事的占95%以上，高中生占85%以上，而在大学生当中这个比例也高于60%。

故事导入法是指教师在教学中用讲故事的形式（如典故、传说、历史故事等）导入对新知识、新课题的讲解。故事导入突出了情趣性，容易将学生的学习动机激发起来，热情积极地投入到对问题的探索中去。但值得注意的是，故事的内容与课题要紧密相关，做到贴切、典型，以更好地起到激活学生学习思维的作用。

以故事导入新课的方法生动有趣。从学生爱听故事这个角度来说，学生通过老师所讲述的故事，使他们对故事中表现出的知识点产生浓厚的兴趣，同时也激发了他们学习的迫切感，在这种状态下学习，学生一定会主动参与，这比直接把新知识灌输给学生的那种填鸭式教学有用多了。其次，这种方法符合学生对知识的认知规律，使学生能够较好的过渡到新课的学习。

通常有经验的教师，在课刚开始时，由于学生大脑皮层的兴奋点可能还停留在课间发生的有趣事情上或上一节课的内容上，因此教师需要因势利导，把学生的注意力巧妙地转移到这节课的学习目标上来。

可是，为什么会有那么多老师，当他们一站到讲台上，就牢记自己的“职责”尽心尽力讲解问题，指导作业，却把故事这个教学助手忘到脑后了呢?

也许你会说，讲故事那是给小孩子们上课才用的，大孩子们的课堂时间原本不够用，再节外生枝讲故事，这堂课还能上得好吗?其实不然，听故事是没有年龄之分的，学生无论大小，都不会拒绝有趣的故事。

有经验的老师，很善于在讲课过程中穿插故事，通过一个个小故事，来激发学生的好奇心和求知欲。而学生一旦有了好奇心，就会产生追根究底的念头，就会积极地、执著地去探索。

这样一来，教学效果往往会出奇的好。

龚老师在学生眼里是一个很有趣的“小老头”。上他的课，有的时候你分不清楚这到底是中学生在上化学课还是小学生在听老师“讲故事”。

讲到元素“铍”时，他说：“大家都看过《西游记》吧?还记不记得里边的那个女儿国呢?”

“记得。”

台下的学生兴趣盎然，没想到这小老头居然对“女儿国”感兴趣了?他想说明什么问题?这个故事和化学有什么关系?

“《西游记》里唐僧一行西去取经路过女儿国，那个国家只有女的没有男的，对吗?当然了，这只是一个神话故事。不过，现实中还确实有一种化学元素，会影响人们生儿育女。”

学生们一听更加奇怪，不会吧，居然能影响人们生儿育女?这是什么元素?

于是，台下的学生争先发问：“真的?”

“是什么?”

“老师，快告诉我们吧!”

台上的龚先生呵呵笑着，慢条斯理地说：“我先给大家讲一个故事。曾经，在广东一个山区的村寨里，一连数年出生的尽是女孩，人们急了，照这样下去，这个地区岂不变成女儿国了吗？于是村民们开始想办法，有的去求神拜佛，拜了这个观音敬那个佛爷，却不见一点效果。有的去寻医问药，却找不到能治这种怪病的药方。有位风水先生便说：‘很早以前不是有地质队来开采吗？他们在后龙山寻矿，把龙脉破坏了，这是坏了风水的报应啊！’于是，迷信的村民，千方百计地找到了原来在他们山里探过矿的地质队，闹着要他们赔‘风水’。地质队队长一听，不可能的事啊？为了‘洗脱罪名’，他带领队员们又回到了这个山寨，进行了深入的调查，终于找到了原因。原来地质队在探矿的时候，钻机把地下含铍的泉水引了出来，扩散了铍的污染，使饮用水的铍含量大为提高，长时间饮用这种水，而导致生女而不生男。经过治理，情况得到了好转，在这个村寨里又出生男孩了。”

故事讲完了，学生们还在回味着这个有趣的故事。

龚先生话题一转：“现在我们开始介绍铍的基本性质，然后大家再结合故事分析一下铍的性质。”

于是，在引人入胜的故事中，台下的学生又开始了对铍的“声讨”。

见多了千篇一律、平铺直叙的课堂，眼前的故事课堂让人眼前一亮：原来即使是看上去毫不起眼的化学元素，背后往往也有着鲜为人知的故事啊！

可想而知，故事有多有趣，学生们的“胃口”就会被吊多高！在学生眼里，化学课总是和那些反应过程、实验现象联系在一起的。即使有故事，大多也是关于某化学家于某一年发现某物质的经历。

而实际上，我们的课堂教学也没有规定一定要我们的化学老师变成“故事高手”，就像案例中的老师，他完全可以略而不讲，只要说一声：“现在我们开始学习元素——铍，先介绍一下它的物理性质和化学性质，看看铍的性质有什么独特的地方，然后来做几个练习题……”

这样做，也没什么不妥，完全符合为师者传道的职责。可是这样一来，学生们对铍的性质的印象能保留多久呢？稍用功的学生，课堂练习外加课后复习还可以达到记在脑子里以“应付考试”的目的，而那些生来就漫不经心的学生呢？很可能下课铃声一响，他就把刚才老师灌了一耳朵的东西扔到九霄云外了，光想着他自己的“私人计划”该如何实行了！

案例中的老师，将化学问题蕴涵于化学故事中，既调节了课堂气氛。寓教于乐，又激发了学生探求问题的兴趣，提高了他们的学习效果，同时，这也培养了学生解决实际问题的能力。

相比之下，我们有些还热衷于以呵斥来端正学生学习态度的老师是不是该有所思考了呢？

一位研究教育的人士说过：不爱学习的学生哪儿都有，不爱听故事的学生一个也找不到。

无论是学生从小就接触的语文、数学，还是上中学开始了解的物理、化学，及至他们进入大学所选修的各种专业课。所有的课本知识中都或多或少蕴涵着一个个小故事。而这些故事的演绎，很大程度上要看讲台上的你能不能将它有机地穿插进公开课当中，给学生们以智慧和启迪。

要知道，学生在课堂上是在一定的情绪和情感状态下开始学习的，而影响学生对课堂学习的情绪和情感反应的因素也是多方面的。如果老师能给他们一种积极的、充满兴趣的情绪感染，那么，他们因此产生的学习动力也将是无限的。

这样一来，本来可能要花费你更多时间才能引入的问题，就在故事中不知不觉穿插进去，让学生产生一种主动寻找答案的欲望。这时的课堂就不再只是你一人的“天下”，而是师生互动的空间了。

想想看，一个小故事既能活跃气氛，又能调动学生的注意力，相比之下，如果你只是加重语气说：“注意了，下边我们讲某某定理，请大家注意听讲！”十有八九的学生往往已经分神好久了，你能指望他们在 3 秒钟内迅速回神，全神贯注听你讲课吗？

在上公开课时需要执教者注意的几个要点：

一、在不同的时机穿插故事将会取得不同的效果。

教无定法。我们是在课堂伊始，课堂中，还是课堂结尾引入故事呢？如果在一堂课开始能恰到好处地用故事引起，导入新课，就会一扫课堂的沉闷气氛，唤起学生的求知欲望，拨动其思维之弦，为新课的讲解定下基调；如果你在讲课中间穿插某个故事，则会激发学生的好奇心，让某些已经分神的学生回到课堂上来；如果在一堂课快要结束时导入一个故事，则会给学生造成一个悬念，给他们一种“欲知后事如何，且听下回分解”的印象，取得“课虽尽而趣无穷思未尽”的效果，并借此激起学生对知识的强烈渴求，使此课的“尾”成为彼课的“头”。

总之，结合课堂教学进度，适时插入故事，往往会有事半功倍的效果。

二、用故事把课本理论化抽象为具体。

有些课程，如哲学等文科类课程，它反映的是万事万物的共同性质和共同规律，是具有高度概括性的理性认识。而学生的认识却总是从对具体、生动的个别事物的认识开始的。

这时，如果我们在课堂上运用故事进行教学，往往能够为学生提供必要的感性材料，从而使知识化抽象为具体，变呆板为生动，变深刻为浅显。

三、故事是为课堂教学服务的。

有的时候，一个小故事可能带出故事中某个人物的更多故事，而正在兴头上的学生可能会追根究底，这个时候老师要善于引导学生，把他们的注意力转移到课堂内容上来。切不可一时兴起，就“故事”而论事，结果一堂课成了“名副其实”的故事课，那样就违背了故事教学的初衷。

四、积累故事素材。

课本虽然是有形的，但课本中的知识是无形的，课本知识涉及的故事更是无穷无尽的。为了在课堂教学中有一个“信手拈来”的故事，你必须在台下多作准备，比如平时有意识地把从课外书、报纸上阅读到的小故事制成文摘卡片、剪报等，也可以通过调查、走访等途径获取和挖掘身边的信息来编成生活小故事，这样你才有足够的素材去应对课堂教学。

在课堂中即兴穿插的故事，比起单纯的理论知识更容易抓住学生的心理，它能从一开始就吸引住学生的求知欲，燃起学生智慧的火花，使课堂气氛很快进入活跃期。

课堂上的故事，可以把枯燥的问题趣味化，抽象的问题具体化，复杂的问题简明化，深刻的问题通俗化，从而使学生在情趣盎然中掌握知识，增强能力，提高觉悟。

因此，在课堂上，如果我们能根据教材内容补充相关的故事、传说，更易激发学生学习的兴趣。但是，有一点请注意：我们只是说穿插故事但并不是要在课堂上纯粹讲故事。否则的话，一堂课下来，学生们只是听了一个故事，却没搞明白你想讲什么知识，可就得不偿失了！

第三节 设置悬念、巧妙引导

求知欲是人们思考研究问题的内在动力，学生的求知欲越高，他的主动探索精神越强，就能主动积极进行思维，去寻找问题的答案。教师在教学中可采用引趣、激疑、悬念、讨论等多种途径，活跃课堂气氛，调动学生的学习热情和求知欲望，以帮助学生走出思维低谷。

讲授新课之前，先设置一个悬念，让学生心中产生悬念，使学生求知欲望大增。

例如在讲授排列应用题时，可以引用的开场白是：现在我手上有6本不同的书，分给某6位同学，每人一本，共有多少种不同的分法？于是同学们议论纷纷，有的同学甚至拿着六本不同的书在试着分法，然而怎么也分不清。这时教师抓住这一有利时机指出：这一问题是这节课要解决的问题，只要掌握了解题方法问题很容易解决。

这样，尽管这节课的内容是一些繁杂枯燥的计算，学生在课堂上却是兴趣盎然。青少年学生求知欲望强，敢说，敢想，喜欢发表自己的意见，组织讨论能很好地发挥这种心理优势。

有一次在讲棱锥的时候，教数学的王老师出了这样一道选择题：“已知四棱锥的四个侧面都是正三角形，则底面是 A. 矩形；B. 菱形；C. 正方形；D. 平行四边形。”然后让同学们思考和讨论，教室里的气氛一下活跃了，争论的焦点集中在是正方形还是菱形，两种意见争持不下，这时坐在后面的一个男同学用纸织了一个模型，送到了讲台上，这个模型说明了菱形的不可能性，因为如果是菱形，则底面不可能放在桌上，即底面四顶点不在同一平面，坚持正方形的同学兴奋极了。最后教师充分肯定了这位同学的创造精神并理论上证明了这一结论，使另一部分同学心服口服。

实践证明，在遵循教学规律的基础上，采用生动活泼，富有启发、探索、创新的教学方法，充分激发学生的求知欲，培养学生的学习兴趣，是提高课堂教学效果和培养学生研究能力的重要途径。

学生老老实实听讲似乎是天经地义之事。但是，在课堂上，每天总是那些课文、那些定理、那些字母转来转去，一切的一切都是那么平常。也因此，学生们对老师的照本宣科早就有点麻木不仁了。有时候看上去“认真听讲”的学生，他的思绪很可能早就飞到九霄云外去了。更有甚者，很可能在你催眠式的说教中他已经“甜甜地”进入了梦乡，梦里或许还有他想听的东西，可是在现实的课堂中，却只有让他一听就头痛的理论。

此情此景，你能无动于衷吗？你能看着倾注了自己无数心血的一堂课就在学生的走神或者是梦乡中结束吗？

当然不能。可是，怎么办？

提高音量，来一句：“注意听讲！”或是敲敲桌子：“睡觉的同学，醒醒！”或许这能让他的注意力保持5秒钟的集中，5秒钟后呢？如果你在课堂上讲的东西在他眼里总是那一套，他甚至都算准了你讲完概念之后就要布置练习了，你还能让他对你的课保持十二分的热度吗？还有更好的方法吗？作为教师，一定要想办法如何才能吸引学生和观课者的注意力。

还记得曾经看武侠小说或者侦探小说抑或是言情小说时的心情吗？一拿到手，就恨不得一口气看到尾，不肯释手，为什么会这样？其原因之一就是这些书中总是设有悬念，使读者急于知道故事的结局，吸引着读者把书看完。那么，能不能在课堂上也来设立悬念，让学生的思绪跟着你走，而不是飞到别处呢?

汪老师是一个非常开朗大度的人，有着一股特有的幽默和优雅。学生们十分喜欢并尊敬他。他在工作上的魅力确实无人能及，听他讲课，每每让人欲罢不能。

请看他的几个教学片段:

片段一

在学习“碳的几种单质”一节时，汪老师对台下的学生说道:“同学们，今天我带了一把玻璃刀，有哪位愿意借给我一支铅笔用用呢?”

前排的一个学生立即将一支铅笔递给汪老师。

“大家都知道玻璃刀非常锋利，只需轻轻一划，就能将一块玻璃一分为二。你们知道玻璃刀的刀口是用什么东西做的吗?”

台下的学生有的说是钢铁，有的说是一种特殊的材料。

汪老师没说出答案，接着问;“大家再看这支铅笔，你们知道铅笔芯是用什么东西做的吗?”

“石墨!”一个学生抢着回答。

“对，铅笔芯是用石墨做的，而玻璃刀的刀口则是用金刚石做的。”

“金刚石?”学生们好奇地重复道。

“对，是金刚石。同学们，你们知道吗，金刚石是自然界最硬的天然物质，而制成铅笔芯的石墨是最软的物质之一，它们都是由碳元素组成的单质。”

“都是由碳元素组成的?”

“不会吧，如果真的是由同一种元素组成的话，性质也应该相差无几啊。可是为什么一个这么硬，而另一个那么软呢?”

台下的学生一个个露出疑惑不解的表情，看着汪老师，急着等他说出答案。

“好，同学们想知道答案的话，下面我们开始学习碳的几种单质……”

片段二

在学习盐类的性质时，汪老师事先在讲台上准备了一杯不知名的溶液，一个小铜片、一支细铁丝。然后，他指着手中的铜片说：“同学们，你们中有哪位能在上边画出一只小企鹅呢？”

台下的学生面面相觑，怎么可能？又不是一张白纸，除非用刀子在上边雕刻。

见学生不语，汪老师笑笑，说：“大家看我的！”说着，他用一根细铁丝在杯子中的溶液里搅拌了一下，让铁丝上沾满溶液，然后在铜片上勾勾画画，几分钟后，一只憨态可掬的小企鹅就出现在学生面前了。

“哇，真像我QQ聊天时的那只企鹅！”

“老师，这是什么魔水？”

汪老师看着台下七嘴八舌的学生，说道：“大家安静了，想知道我用了什么魔水吗？现在我们开始去寻找魔水，下面我们开始学习盐类的性质，刚才用的魔水就是一种盐……”

好奇是人的天性。

当某些习以为常的东西变得不可思议的时候，当平平淡淡的事件正演绎着丰富多彩的时候，任何人的胃口都没有理由不被吊起来，任何人的神经都无法不兴奋。看似风马牛不相及的两样东西却具有共同性？看起来办不到的事却在老师手里变成了现实。于是，汪老师的课就在充满疑问、让人无法释手的氛围中开始了。

如果汪老师换一种方法呢？毕竟我们的教学大纲也没有要求老师在讲述碳的单质时一定要用实物来说明，也没有非得让老师们练得一手在铜板上画画的“绝活”！

汪老师完全可以一句带过：“同学们，这节课我们学习碳的几种单质，碳的单质有金刚石、石墨……”这样一来，学生就会被动接受如下的概念：

“同一种元素组成的单质表现出完全相反的特性。”可这样一来，他们的印象也就仅限于这几行文字，而在头脑中却缺乏现实的例证。同样，讲述盐类的性质时也是一样的道理。

一句话，没有了前边的悬念作铺垫，汪老师的课充其量只是最一般的传道授业、答疑解惑！如果没有了前边的悬念，汪老师还能起到这种让学生欲罢不能的效果吗？答案当然是否定的。

汪老师的课妙就妙在，他特意设置的悬念，让学生从心底产生一种疑问。生出诸多好奇，无疑会使学生产生进一步探求原因的要求。

著名评书艺术家单田芳说书时，每当故事情节发展到紧张激烈的高潮或矛盾冲突到剑拔弩张的关键时刻，就突然来一句“欲知后事如何，且听下回分解”来吊人的胃口，逼着你非继续听下去不可。或许你也曾经是个听书迷，却每每因为这句“且听下回分解”的话而听得不尽兴，于是就盼着听下一回。

听书如此，讲课亦如此。教师在课堂教学中设置悬念，能集中学生的注意力，激发起学生探究的欲望。

在课堂教学中如能巧设悬念，必会使教学起到事半功倍的作用。

要知道在50分钟的教学中，要使学生始终保持饱满的热情，确实不易。有研究表明，人们经过10～20分钟的注意起伏，便会使注意力不再随意地离开客体，也就是说，你在讲课时每隔10～15分钟使学生转换一下不同种类的活动，往往有助于学生注意力的稳定。

因此，课堂上悬念的设置，既可引起学生的重视，又可消除学生由于被动思维带来的疲劳感觉。

苏霍姆林斯基说过，“在每个年轻人的心灵里，都存放着求知好学、渴望知识的火药”，就看你能不能点燃这“火药”，而悬念就是点燃渴望知识火药的导火索。在课堂教学中，如果我们能把握好时机，适时适当地进行悬念的精心设置，就能让学生始终充满热情，在积极快乐的气氛中感受数学的奇妙，进而掌握好知识。

或许你会说，悬念说白了很简单，就像演员说相声要抖包袱一样，就是把问题的答案“藏而不露”，先让观众听听过程，听完过程，再给你答案，这不是一个道理吗？

其实，悬念的设置是课堂教学中的一种技巧。悬念设得好，不仅能吸引学生的注意力，把无意注意转为有意注意，提高学生学习的兴趣，增强学生分析问题的积极性，久而久之，每节课的“悬念”的积累，还能提高学生分析问题、解决问题的能力。而且，这对提高老师自身的基本功也大有益处。

但是，凡事都是两面的。悬念只是为了创造一种情境，吸引学生的注意力而设，其最终目的是要把学生引到将要讲授的课本知识上来。倘若学生对悬念本身的兴趣超过了课本知识，那么这样的悬念就成了真正的“悬念”了。

想让你的课堂成为学生眼中的神秘之地吗，那么巧设几个悬念吧，让学生在你的“悬”而不答中跟着你走！

在课堂中设置悬念的要点：

一、制造悬念的时机。

在公开课开始阶段进行悬念的设置，可以促使学生产生渴望与追求，激起他们学习新知识的欲望，从而达到吸引学生注意力，激发他们听课热情的目的。

在公开课的讲授过程中，我们不断向学生提出疑问，时时使所讲授的内容增加些神秘色彩，使学生的兴趣始终不减，并主动积极地思考并回答老师提出的问题，最终得到满意的收获。

在一堂课的小结中，如果我们精心设置一个小小的悬念，就能为下节课的内容涂上一层神奇的色彩，促使学生去思考、去研究，盼望着下节课的到来。甚至有些学生为了揭开这层神秘的面纱，会提前打开课本，寻找解决问题的办法，可以说这是一种积极有效的预习。

二、悬念不是解不开的谜。

制造悬念不是故弄玄虚，既不能频繁使用，也不能悬而不解。教师在适当的时候应解开悬念，使学生的好奇心得到满足，而且也使课堂前后内容互相照应，不要出现此悬念非彼内容能解决的现象。

三、悬念不是得不出答案的难题。

设置悬念要难易适当，使学生能够始终跟着教师的思路走；设置悬念要联系学生实际，这样才能使学生保持新鲜感和好奇感，从而活跃其思维；设置悬念还要注意与学生的情绪相结合，在学生情绪饱满的情况下进行悬念的设置才能达到事半功倍的效果。

悬念是未知通向已知的一道神奇的“门”。当我们打开这道“门”豁然开朗之时，不知不觉，悬念亦不再，于是，一切就淡了；但是，当“门”未开时，扑朔迷离，揣测连绵，人人都急切地想知道答案。

所以，如果你想给大家一个惊喜，如果你想制造一个高潮，那么，你在公布结果之前，最好把门虚虚地掩上。

课堂上的悬念也将学生的注意力集中起来，通过这样的引导，学生就会愉快地将自已的思绪投入到探索知识的情境中去。

第四节　让节奏出彩

节奏，本是艺术上的一个概念，指音乐、诗歌、舞蹈等艺术形式的基本构成要素。例如，音乐节奏就是通过乐曲中音的长度和节拍强弱的交替出现并合乎一定规律而形成的。而课堂上的教学节奏，则是指一节课的张弛快慢及具有规律的变化。

控制好教学节奏，即指在课堂上，教师应尽可能地使自己的讲课节奏与学生的思维相符合：学生思维慢时，就放慢节奏；学生思维快时，就加快节奏；遇到易学点时，就加快节奏，遇到难点重点时，就放慢节奏。

这样，教师通过节奏的调整，引导不同层次的学生逐渐地进入课堂，跟上自己的讲解速度，从而达到理想的教学效果。

但是，有些时候，却可以听到这样的抱怨：

“算了，不听了。这个问题还没弄明白，老师就讲下一个问题了……”；“题目还没看完呢，老师就找人回答问题……”；“老师讲得太快了，根本来不及消化……”在有的老师的课堂上，学生经常出现这样的抱怨。

为什么学生会发出这些抱怨？是老师的课讲得不够好吗？

并非完全如此，这些问题的产生很大程度上是因为教师的课堂节奏与学生不合拍。

试想，如果教师在讲课时，易学点和难点用同样的时间去讲，学生会有什么感觉？简单的知识一看就会，教师却还在反复地讲，而复杂的知识，学生怎么想也想不通，教师却一笔带过，这显然会影响学生的学习情绪。试想，如果自己是学生，能不抱怨吗？

假想一下，如果课堂教学像音乐那样有节奏感，学生会有什么反应呢？是不是完全陶醉在音乐中，沉浸在享受音乐的快乐中？

是这样的！有节奏感的课堂就能吸引学生，让学生聚精会神地投入其中。因此，在课堂教学中，教师一定要控制好课堂教学节奏，弹好课堂进行曲，使之尽可能地与学生的思维节奏同步。

教英语的赵老师就是一位善于把握课堂教学节奏的老师。通过多年的课堂教学实践，赵老师深切地体会到，如果课堂教学节奏把握得不好，与学生不合拍，就可能导致学生跟不上老师讲课的步伐。这样不仅会影响学生的听课效果，也会影响他们的上课情绪，导致他们不能认真听老师的讲解。

在赵老师的课堂上，他总是很好地控制自己讲课的节奏，该加快的时候加快，需要放慢的时候又变慢，尽量使所有的学生都跟上自己的思路。也正是赵老师“屈身”让自己适应学生，使自己讲课的节奏与学生听课的节拍同步，学生们都很喜欢上赵老师的课，而且课堂气氛总是很活跃。

有一次，赵老师要讲解一个单元的第一课，该单元的中心话题是“Can you come to my party?”

刚开始上课时，赵老师没有进行太多的铺垫，而是快节奏地把学生带入了本课内容。他开门见山地说：“Today, we are going to learn Unit 5. If you do well in this lesson, you can get three presents from me.”

赵老师指了指讲台边上的三个礼物，接着说：“Boys and girls, do you like music? This Sunday, there is a music party。Do you know who will come to the music party? Look at the screen.”

大屏幕上出现的是几个当红明星的照片。

“Can you come to the party? If you can, you can say like this——Sure, I'd love to. But if you can't or you don't want to go, you may like this……”

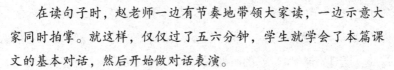

在读句子时，赵老师一边有节奏地带领大家读，一边示意大家同时拍掌。就这样，仅仅过了五六分钟，学生就学会了本篇课文的基本对话，然后开始做对话表演。

在训练的过程中，这些学生一起考虑话题，一起考虑应答，一起进入角色，然后一起表演。训练了10多分钟后，赵老师示意大家安静，“Ok! Now, I'll ask some groups to act。Kevin, John, George and Lisa, stand up. Practise, please.”

通过对话表演，大家一致认为George演得最好，发音最准确。于是，赵老师颁发了第一个小礼物——明星画片一张，是George最喜欢的刘德华。看到有同学得到了老师的奖励，台下的学生都为之一振，在鼓掌的同时，也暗自下了决心——一会儿自己也要拿一个奖。礼物颁发完毕后，赵老师开始带领学生听录音，准备找学生连线填空。

第一道题的录音刚听完一遍，就有个男生站起来说；“老师，这道题太简单了。我根本不用听下面的几遍，现在就可以上去填空了。”

赵老师扫视了一下其他学生，发现其他学生都眉头紧锁，等着继续听呢。于是，他就微笑着说：“你先耐心地等一下，其他同学还需要继续听完。”

听完3遍后，赵老师才请刚才举手的那个学生回答了问题。等那个学生回答完问题后，赵老师又让学生继续听录音。其中有1道题内容比较多。赵老师在给大家听了3遍录音后，发现学生竟然没有1个人举手。于是，赵老师又放了两遍录音。这次，终于有10多个学生举手准备回答问题了。

就这样，在赵老师富有节奏感的课程讲解中，学生都完全沉浸在邀请同学参加聚会的兴奋中了。

课堂气氛如此热烈，学生如此陶醉，关键在于赵老师很好地控制了教学节奏，让学生感觉听课就像享受音乐。

适度的教学节奏能够自始至终地牵引学生的注意力，维持学生的学习热情，使教学情境跌宕起伏，张弛有度，从而使学生在一整堂课上都认真听讲。这对于培养学生良好的听课习惯是大有益处的。

赵老师深知课堂节奏对于学生听课的重要意义。教师只有合理安排讲课时间，适时调整讲课速度，才能使课堂达到如此高的教学效率。

在英语学习中，说和听是学生最难掌握的学习环节。因此，赵老师安排了大量的时间让学生练习对话和听录音答题。他不仅邀请学生和自己示范，还让他们分组进行练习、表演，并且还对演得最好、说得最流利的学生进行了奖励。这既缓解了学生刚才高度训练的紧张感，又激发了学生的上进心。

在听录音回答问题的环节中，赵老师对那些听一遍就懂了的学生提出的加快速度的要求并没有随口答应或拒绝，而是委婉地说服他放慢进度等等大家；对于学生听了3遍都不知道如何回答的“难点”，赵老师又适时让大家多听了2遍。

赵老师讲课始终坚持的一个原则就是：少数服从多数，适时地做出调整。让“大部队”跟上自己的节奏，从而轻松愉快地实现了教学目的，完成了教学任务。

作为一门艺术，课堂教学本身就有着独特的节奏。一节课通常都会分为开端、发展、高潮和终结4个阶段，如果我们采取平铺直叙的教学方式，就不能显示出课堂教学应有的艺术魅力和感染力了。

所以，在课堂教学中，教师只有把握好教学变化的节奏，使课堂教学跌宕起伏、张弛有度，才能弹好课堂进行曲，增强教学的艺术感染力，把学生分散的精力集中在课堂上。节奏和课堂教学之间，存在着形式和内容的辩证关系。不同的课堂教学节奏会产生不同的教学效果。适宜的教学节奏，可以使教学获得充分的表达，吸引学生进入课堂，认真听课，进而促进教学效果的提高；而不当的教学节奏，则会使教学的内容表达得不充分，让学生产生一种不适应的感觉，进而对学习产生消极的情绪。

那么，我们应该用什么方法来控制教学节奏，使之与学生的思维节奏更为合拍呢？

控制教学节奏的方法有很多，比如，通过创设教学情境、教学气氛来控制教学节奏；通过教学语言的表达来控制教学节奏；通过教师的神、情、行、态的变化来控制教学节奏；通过设计教学程序来控制教学节奏；通过连贯与停顿的调节来控制教学节奏；通过调整进度来控制教学节奏，等等。如此多的方法，教师在选择与运用的时候，一定要慎重，把握得当，才能吸引住学生的注意力，使教学效果大大提高。

除此之外，面对变化多样的课堂教学，作为教师的我们，还应该多研究一下学生的心理，学习一些必要的教学智慧，增强对课堂上的“不确定性”的随机应变能力。这样，可以为我们更准确地把握好课堂节奏助一臂之力。

下面，我们分别介绍几种课堂节奏控制技巧。

一、注意教学内容的疏密间隔。

所谓的“疏”，即指间隔大、频率小；“密”，就是间隔小、频率大。课堂教学要通过时间分配的多少与信息交流的快慢，使课堂节奏疏密有间隔变化。

比如，在基础训练时要做到“密”，即速度要快、内容要多，使学生达到脱口而出的程度；在讲教学重点、难点、疑点时，要做到“疏”，即放慢教学速度，给学生适当的思考时间。通过课堂教学的疏密变化，使学生既不至于过分紧张，又不会太过松懈，积极兴奋地参与到每一个教学环节中去。

二、注意听课状态的动静变替。

所谓的“动”，即指在课堂教学中，学生积极参与、踊跃答题和激烈讨论等的一种活跃的听课状态；而所谓的“静”，则指在课堂教学上，学生静心听课、深入思考的一种相对安静的听课状态。

如果一堂课上，学生一直处于一种状态，就会出现或因兴奋过度而使课堂失控，或因自始至终的静寂导致课堂气氛沉闷而抑制他们思维发展。这两种课堂状态，都不能让学生处于良好的听课状态，都不能取得良好的教学效果。

所以，教师要想让学生一直认真听课，就应该采用符合教学美学的教学节奏——即在听课状态上保持动与静的有机交替。

三、内容的展与收

所谓“展”就是指展开、拓宽，即教师根据教学目的的要求，围绕教学重点，对教学内容或开宗明义，单刀直入；或层层深入，展开说明；或巧设比喻，故布疑阵，激发想像。所谓“收”，就是指教师对课堂教学及时地小结，由展返收，纲举目张，把对材料的认识上升为理论的理解。它既是旧知识的暂时终结，又是新知识探索的开始。展与收是辩证统一的，一味地“展”，漫无边际地胡乱联系，信口开河，或讲得太深，材料罗列太多，只会搅乱学生的思维；而一味地“收”，就会使学生感知狭窄，脑子僵化。

教学时，注意详略得当，难易相间，有重有轻，就可以形成节奏。

四、语言的起与伏

一名成功的演说者，常常千锤百炼自己的语言，不仅准确，而且充满感情，使得听众与他同悲同喜，从而认同他的观点，牢记他所讲的一切。教师的语言也要不时起伏变化，不能像白开水般淡而无味，而要像演说家般富有感染力，语速得当，抑扬顿挫，声音悦耳，让学生为你的激情陶醉，深深地陷入你所创设的情境。一般地讲，教学中当讲到关键点时，或需要强调突出某个问题时，可提高声调，放慢速度；在一般性陈述和过渡性陈述时，可用中低声调交替讲解，加快语速；当发现学生出现疲态时，应及时更变语音、语调、语速，使其重新兴奋起来；当课堂组织教学出现问题时，也应作出相应的变更。

此外，在教学中伺机的语言停顿，也是语言节奏的一个重要方面。在教的过程中每每会出现“此时无声胜有声”的现象。我们讲语言表现力的变化，它的一个重要方面是语言的庄严诙谐变化，即将庄重严肃的语言与诙谐幽默、妙趣横生的语言有机地交替起来。一味板着面孔说教或一味打

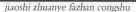

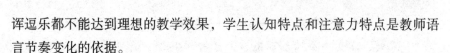

诨逗乐都不能达到理想的教学效果，学生认知特点和注意力特点是教师语言节奏变化的依据。

例如：

语文教师在教学《十里长街送总理》这篇课文时，教师的语言迟缓而凝重，情意深深又凄凉无限，会将学生融入那股悲伤的气氛中，久久不能自拔。再如《董存瑞舍身炸暗堡》，教师的语言慷慨激昂，“话”出了董存瑞视死如归的高大形象，学生对英雄的崇敬之情油然而生，在潜移默化中达到了思想升华。

因此，教师在上课时，合理运用语言，掌握节奏，注意抑扬顿挫，感情丰富，就会收到事半功倍的效果。有时，讲到一个精彩片段，放低声音，同样也会引起学生的注意，并促使学生细细品味。有时，突然来个停顿，此时无声胜有声。教师犹如一个高明的乐队指挥，让学生的思维随着教师的引导，时而紧张，时而舒缓，时而雾里探花，时而豁然开朗。总之，教师的语言要根据教材特点和学生听课的情绪刚柔相济，跌宕起伏。

五、手段的新与趣

随着科技的发展，学校普及了许多新型教学用具，投影仪、录音机、多媒体陆陆续续地走进了课堂。特别是多媒体的引进，由其辅助教学为课堂注入了更多的新鲜因素。教师要敢于挑战传统，运用新型教学用具，化抽象为形象，深入浅出地讲解知识点。

例如：

刘老师用英语口述着春天的美景时，她手中鼠标轻点，大屏幕上显示出色彩鲜艳的画面：清澈的小河边，鲜花怒放，垂柳依依，一群大雁在天空展翅翱翔。学生看着眼前的景象，犹如走进了自己喜爱的动画世界，这番美景勾起了他们对春天的无限向往，孩子的心早已飞到了大自然中，巴不得立刻拥抱大地，在大自然中感受春的气息。这时，教师兴致勃勃鼓动学生和她一起去找春天，学生个个情绪高涨，处于一种和谐、愉悦的状态之中，心旷神怡、情趣盎然，学习热情被充分调动起来，教学收到了极好的效果。

多媒体等新型学具的辅助教学，让课堂教学高潮迭起，让学生在好奇心的驱使下不知不觉地泰然处遨游知识的海洋。新颖别致的教学手段，使教师能更加扎实地上好每一堂课。

六、气氛的张与驰

古人云："文武之道，一张一弛。"这里的"张"，一是指课堂教学内容的"展"、教学节奏的"快"，课堂教学处于一种精彩生动、情绪饱满的状态；二是指学生积极动脑，或议或练，或思考课后练习，或踊跃回答教师提出的问题，师生处于一种互相配合、共通共鸣、齐心协力、共同完成课堂教学任务的紧张而有序的状态。这里的"弛"，是指教学内容展开、教学节奏加快、教学高潮过后的一段相应"缓冲"的阶段，亦指学生思想放松、课堂气氛活跃、离开教学内容的一种活泼愉快的状态。

在课堂教学中，无论张还是弛，都应根据课堂教学的需要，统筹考虑，精心安排。而不论张还是弛，又都是课堂教学所必需的。因为只有张而没有弛，课堂教学始终处于高度紧张的状态，学生的思维就会跟不上来，或者就像拉过了劲的弓箭一样，思维出现断裂的状态。而只有弛没有张，就会使课堂教学松松垮垮，不符合当今社会快节奏、大密度的要求。也完不成预定的教学任务。

心理学研究表明，中小学生在每堂课的最佳状态只能维持 30 分钟左右，因此，注意学生思维的张弛结合是很有必要的。教学中的重点难点，或讲或辩，或议或练，趁学生勃勃奋发的思绪，扬帆破浪，完成主要内容；待大密度过后，要让学生有个静心回味的时间，让学生紧张的心理有一个"缓冲"的机会。每讲完一个阶段，可以留点时间给学生自由支配，也可以穿插轻松风趣的内容，讲一点趣闻轶事，还可以由学生上台表演一个有趣的节目等。

七、结尾的延伸与拓展

一首乐曲，不管节奏是快是慢，是激昂的还是舒缓的，曲终仍能给人以余音袅袅的感觉。一堂好课，同样应该如此。教师可以利用课文的空白，引导学生充分发挥想像；或者利用与课文相关的知识，要求学生查阅有关资料，引导学生广泛涉及各类书籍，扩大知识面。

例如：

《草船借箭》，这篇课文只是长篇小说《三国演义》中的一个小故事、一段小插曲。所以大家不得不面对这样一个不争的事实，课文结束却不等于故事讲完了，当周瑜仰天长叹时，许多同学更加迫切地想要了解，接下去会发生什么事。为此，可以请学生课后阅读《三国演义》，详细了解“三气周瑜”的故事，同学间开个故事会，比比谁知道得多，了解得透彻，比比谁说得最好。

许多对古典文学感兴趣的同学，也正好借此东风，以此为动力，鞭策自己认真阅读《三国演义》。这样，不仅调动了学生的学习欲望，做到真正地主动学习，而且能使学生主动探求未知世界，化课堂上的有限为课后的无穷。

因此，把握好课堂教学节奏是教学中的一种艺术手段。它是在教师长期积累经验的基础上形成的。美的节奏有赖于教师对学生的培养与对教学材料的积极处理。同时，作为一种手段，一种纯技术因素必须服从于教学内容，不能片面地追求教学节奏感。只有合理、科学地分析处理教学内容，合乎学生心理和生理规律的教学节奏，才会有持久的、自然的美感，才会真正提高教学效果。

第五节　提问，让课堂活跃起来

早在我国古代就有了“学起于思，思源于疑”的说法，深刻地揭示了疑、思、学三者的关系。古希腊哲学家苏格拉底就很善于用问答方式来激发学生的兴趣，引导学生积极主动地去寻求答案。

问题是学生思考的起点和动力。一个或一连串精彩绝妙的提问，往往可以激发学生探究知识的欲望，将课堂教学引向高潮。但我们平时常会听到一些教师这样说：“现在的学生怎么了？上课提个问题没一个人回答，课堂死气沉沉的……”事实上，之所以课堂沉闷，关键原因在于教师。教师没有掌握课堂提问的技巧，提出的问题不是过于简单，就是过于复杂，这都无法激起学生的表现欲，课堂情绪自然不高。因此，教师要精于提问，善于提问，以使每个学生都有表现的欲望，使他们体验到成功的喜悦，调动他们的主动性和积极性。

优秀的教师总是善于在课堂上运用“提问”来启迪学生的心智，引导学生获得知识。教育家叶圣陶曾说过：“教师不仅要教，而且要导。”如何导呢？他说：“一要问，二要指点”。由此可见，我们不能忽视“问”。教师要努力树立提问意识，养成提问习惯，培养提问能力，提高提问效果。课堂提问有很深的学问。教师在思想政治课中能紧扣重、难点，简洁明了，难易适中，恰到好处地提出一些问题，并非一件容易的事情。因此，在教学过程中，我们要把精心设计课堂提问作为准备一节课、上好一节课的重中之重，力求实现课堂提问从内容、方式、语言、结构、过程到导学

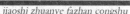

关系等诸方面的科学性安排和艺术性组织。

一、用疑问激发学生的学习兴趣

一天，张小玉老师在讲授力学中的“摩擦力”一节。由于课前学生们都预习过了学习内容，因此，讲课一开始，张老师就直接提出了一个有关摩擦的很有趣味的问题。“把一个一吨重的铁球放在地上，一只蚂蚁能够推动它吗?”

“哈哈……”张老师的话音刚落，学生们就大笑起来，大家都觉得她的问题太不可思议了。于是齐声回答：“推不动。”

张老师又接着问：“如果地面非常光滑呢?”

“也推不动。”仍有几个学生不服气地笑着说。

“我认为有可能推得动。”张老师笑着说了自己的结论。

这怎么可能呢？学生们一脸疑惑地望着老师。看到学生们的表情，张老师知道这已经引起了学生们的好奇。于是她提示大家：“联系你们预习的内容，再想一想，是不是能推得动?”

教室里沉默下来。学生们在认真思考。有的在查找书的内客，忽然有学生醒悟过来，站起来响亮地回答：“推得动推不动，不是看铁球的重量，主要看它与地面的摩擦力有多大……?”

“对！你讲得很好！”张老师笑着称赞道。接着，她又用平静的语气说：“在水平面上能否推动物体，不取决于这个物体的重量大小。假如推动力大于最大静摩擦力，重力不影响水平方向的运动。那么，重量与摩擦力是一种什么关系呢？今天咱们就学习摩擦力。”

张老师的一席话，激起了学生探究的好奇心，大家情绪高昂地投入到学习中。

学生对学习的兴趣或者说求知欲望是学习的主动性和积极性的源泉，只有调动起了学生的兴趣和探究欲望，课堂情绪才能被激活。

学生天生富有好奇心，他们之所以喜欢读《十万个为什么》、《动脑筋》、《算得快》等书籍，就是因为这些书刊不仅生动有趣，而且它们提出了悬念性、挑战性的问题，使学生们跃跃欲试，寻求解答。当学生产生好奇心后，就急于想知道答案，这就会激发他们主动学习的积极性，课堂效率自然也就会提高。

例如，有一教师在教学“加减法的速算法”时，先在黑板上随意写出几道一个数加上或减去接近整百整千数的题目，然后要求同学们和老师同时计算这些题，看谁算得又快又对。学生于是纷纷动手试算。教师运用加减速算法，速度远远超过学生，并正确无误。学生们惊奇了，疑问出现了：“老师没有经过竖式计算怎么能这么快口答出来?”疑问促使学生产生了好奇心，好奇心又转化成了强烈的求知欲望和学习兴趣，课堂情绪因此高涨。

二、提问要提到点子上

在教学“三角形的面积计算公式”一课时，胡老师没有直接讲课。而是要求学生把三角形放到方格上，通过数方格算出三角形的面积。当学生兴致勃勃地数完方格算出面积后，胡老师提了一个很有趣的问题：“同学们，如果我们要计算一块三角形地的面积时。是否也可取把这块地放在方格纸上，或用一个个方格纸片去填满三角形的地呢?”

“哈哈…”学生们都大笑起来，齐说，“不能。”

胡老师立即追问：“那怎样才能算出这块三角形地的面积呢?”

“用尺子去量。”

“用公式计算。”

课堂气氛顿时活跃起来，学生们纷纷献计献策。“对。用公式计算，今天咱们就学习三角形的面积计算公式。”胡老师及时将问题转移到所要讲的内容上来。

三角形的面积套式是什么呢？如何计算三角形地的面积呢？学生带着强烈的好奇心开始学习课堂内容，为了解除心中的疑问，大家的学习兴致很高。

古人曰："学则疑，小疑则小进，大疑则大进。"疑，即质疑，是现有知识与思维之间的矛盾，是学生学习知识的起点或开始，也是调动学生学习积极性，探究新知识的原动力。精当有效的提问，能够及时调控教学进程，激发学生的学习积极情绪，活跃课堂气氛，促进课堂教学顺畅。然而，在现实的课堂教学中，由于一些教师对课堂提问的技巧掌握得不够好，提出的问题不但往往不能激发学生的兴趣，反而还降低课堂效率，存在着很大的弊端。

我们建议老师在提问时注意以下几个事项：

1. 问题要有针对性

所提问题的内容应包括学习的重点、难点、热点。教师要围绕这些内容认真设计问题，巧妙提问，来充分调动学生的思维，拓展学生的视野。只有抓住重点、突破难点、联系热点的提问，才能激发学生思考的兴趣，提高课堂效率。

2. 提问难易要适度

要考虑学生现有的认知水平，以学生现有的认知结构和思维水平为基点来设计问题，使问题符合学生的"最近发展区"。这样既不会让学生因问题太简单而不屑一顾，也不会让学生因问题太难而丧失信心。难易适度的问题才能面向全体学生，激发学生的好奇心、求知欲和积极的思维，调动整个班级的课堂气氛。

3. 提问密度要适宜

课堂提问的次数不能太多，也不能太少，要给学生一定的思考时间。如果提问过多过密，学生忙于应付教师的提问，精神过度紧张，容易造成疲劳和不耐烦，使课堂情绪低沉；提问过少过疏，则使整个课堂缺少师生间的交流和互动，课堂气氛平淡。所以，课堂提问要适度适时，要把握好提问的时机，激发起学生的积极情绪，使提问激发法发挥出最好的效果。

4. 提问应顾及大多数学生

有的教师因为害怕课堂提问时出现冷场，从而耽误学习进程，因此总是喜欢问少部分的学生，以希望课堂提问按自己的设计顺利进行。事实上，这样做，只会热了少数，冷了多数。长此以往，多数学生发现了其中奥妙，知道提问与己无关，积极性就会受挫。

因此，课堂提问应该面向全体学生，内容要有梯度，要有层次，对不同认知程度的学生用不同的提问方式。如引路性提问，要多问优等生；锻炼性提问，照顾中等生；鼓励性提问，穿插点问差等生。总之，课堂提问要让每个同学都有启迪，要让全班同学参与到回答问题的氛围中来，这样才能更大限度地调动全班同学的课堂积极情绪。

常言道："学起于思，思起于疑，疑解于问"。课堂提问是组织课堂教学活动的重要环节。精彩的提问能激发学生思考的兴趣，调动其课堂积极情绪，提高教学效果。

5. 故设悬念提问激发法

悬念就是点燃渴望知识火药的导火索。如果教师在新课开始阶段进行悬念的设置，可以促使学生产生渴望与追求，激起他们学习新知识的欲望，从而达到吸引学生注意力，激发学习热情的目的。

在讲授公开课的过程中，教师不断向学生提出疑问，时时使所讲授的内容增加些神秘色彩，会引起他们探究的欲望，主动积极地思考并回答老师提出的问题，提高教学效率。

6. 新颖提问激发法

好奇之心人皆有之，特别是学生，由于年龄小，心理不成熟，好奇心很重。如果一个问题，提出时平平淡淡，既不新颖又不奇特，而是"老调重弹"，那么学生学习的积极性和参与的主动性也就可想而知了。相反，如果变换一下提问的角度，转换一下提问的方法，让学生产生新奇之感，那么他们的学习积极性和参与的主动性又会如何呢？那种场景一定也是不少老师一直向往和追求的——学生们积极思考和发言，非常踊跃。

7. 激趣提问激发法

恰当的提问犹如一石激起千层浪，让学生沉浸在思考的涟漪中，成为

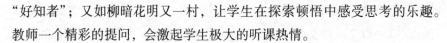

“好知者”；又如柳暗花明又一村，让学生在探索顿悟中感受思考的乐趣。教师一个精彩的提问，会激起学生极大的听课热情。

8. 启发提问激发法

教师恰到好处的提问，能激发学生强烈的求知欲望。因此，提问启发，最重要的就是把握时机。非到学生“愤”、“悱”之时，不可轻易提问。这就要求教师不仅熟悉教学内容，了解学生，准确把握教学难点，还要在课堂教学中洞察学生心理，善于捕捉时机。对于难度较大的问题，要注意化整为零，化难为易，循循善诱，方能鼓起学生的信心，通过分层启发，才能达到水到渠成的效果。

提问难度应该巧设在学生“跳一跳，摘到桃”的层次上，从而把学生的注意力、想象思维引入最佳状态，激活课堂气氛。

9. 诱思提问激发法

诱思式提问注重诱导、注重思维纵向的延伸，目的就是要将学生带入这种境界，引发学生探索、思考的乐趣。因此，诱思式提问要加强问题的深度和难度，唤起学生深层次的思考。正如爱因斯坦所言：“人类最强烈、最持久的思考，来自于面对不解之谜。”

当然，提问要保持难易适度，否则连激发兴趣的目的都无法达到，更不要说唤起深层思考了。

课堂提问的巧妙使用，会使课堂气氛活跃，学生情绪高涨、思维开阔，教学效果良好。但是，使用不当，学生的思维受阻，情绪也会受抑，出力不讨好。因此，教师要讲究提问的艺术，用提问来激起学生学习的积极情绪，达到高效课堂。

三、合理调控——优化课堂提问的语言

无论是问话还是解答，从高标准、严要求角度看，课堂教师提问的语言都应力求实现“六要”。一要语调愉悦。声音亲切柔和，感情丰富，能吸引学生集中注意力。二要语汇丰富。提问和解答妙语横生，流畅自如，形容得当，措词清新，必要时画龙点睛，一语道破。三要语言风趣。富有幽默感和诙谐性、含蓄性。四要语言精炼。对每个词句都能加以斟酌推

敲，言简意赅。五要语言质朴。做到诚恳和实事求是，不夸夸其谈，华而不实，哗众取宠。六要语言机敏。为顺利答疑解惑，要善辩，具备随机应变的能力。在问话上，要特别注意所提问题必须明白简练。所谓明白，就是语言通俗易懂，深入浅出，使学生明确地知道教师提问的内容。所谓简练，即语言简洁清楚，干净利落，恰到好处，那种啰啰唆唆的冗长叙述，只能让学生昏昏然，抓不住提问的要领。在问题的解答上，要尤其注意语言节奏感的合理运用。所谓节奏感，是指教师解答时，声调要有高有低，节奏有快有慢。讲话不能总是一个声调，一个速度，声音要有停顿，该高则高，该低则低，该快则快，该慢则慢，该停则停。

四、科学设计——优化课堂提问的过程

课堂提问过程的优化，主要分为以下四个阶段：

1. 置境阶段。在这一阶段，教师要用指令性语言设置问题情境，由讲解转入提问，使学生在心理上对提问有所准备。

2. 置疑阶段。在教师用准确、清晰、简明的语言提出问题后，要给学生留有思考时间，然后根据学生的具体情况，结合教学经验，再要求学生回答。

3. 诱发阶段。如果学生对所提问题一时回答不出来，教师要以适当的方法鼓励、启发、诱导学生作答。教师可查核一下学生对问题是否明确，促进学生回答；可以给出相关提示材料，协助学生作答。

4. 评核阶段教师应以不同的方式评价学生的答案，包括：检查学生的答案，估测其他学生是否听懂答案；重复学生回答的要点，对学生所答内容加以评论；依据学生答案联系其他有关材料，引导学生回答有关的另一问题或追问其中某一要点，即进行延伸和追问；更正学生的回答；就学生的答案提出新见解、补充新信息；以不同词句，强调学生的观点和例证，也可以引导其他学生参与对答案的订正和扩展。

五、丰富多彩——优化课堂提问的形式

由于问题的内容、性质和特点的不同，课堂提问可以采用不同的形

式。

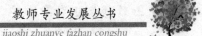

1. 直问。对某一简单问题直接发问。它属于叙述性提问，是教师在讲述性谈话中的提问。其表现形式为“是什么”“有什么”等。

2. 曲问。为突出某一原理或者为向某一原理逼近，可以从问题另一侧面发问，寻找契机。

3. 反问。针对学生对基础知识、基本技能或是某一问题的糊涂认识和错误症结发问，步步进逼，使学生幡然醒悟，达到化错为正的目的。

4. 激问。在学习新知识之前，学生处于准备状态时，使用激励性的提问，激发学习情绪，促使其进行知识间的类比、转化和迁移，把学生从抑制状态调动到兴奋状态。

5. 引问。对学生难以理解的问题，需要疏导或提示时，在关键处发问，循序渐进地达到理解知识和解决问题的目的。

6. 追问。是对某一问题发问得到肯定或否定的回答之后，针对问题的更深层次发问，其表现形式为“为什么”“请说明理由”等，这样便于易中求深。

课堂提问的设计技巧，课上看似随机应变，实际上功夫在课堂外。它要求教师既备教材、教法，又要备学生，按照教学规律，积累教学经验，不断提高教学水平。只有这样，我们才能真正实现课堂提问为学生发现疑难问题、解决疑难问题提供桥梁和阶梯，启迪学生的思维，激发他们的求知欲，促使他们参与学习，帮助他们理解和应用知识的教学目标。

第六节　构建生活化的课堂

生活中，人们喜爱“源头活水”，因为“源头活水”灵动活泼。课堂教学又何尝不是如此呢？学生喜欢“源头活水”，教学更需要“源头活水”。那么，何为课堂教学的“源头活水”呢？

早在20世纪20年代，陶行知先生就提出了“生活教育理论”。他认为：“生活即教育。没有生活做中心的教育是死教育。没有生活做中心的学校是死学校。没有生活做中心的书本是死书本。全部的课程包括了全部的生活，一切课程都是生活，一切生活都是课程。从效力上说，教育要通过生活才能发出力量而成为真正的教育。”

美国教育家杜威也有句至理名言：“教育本身就是生活，而不是生活的准备。课堂教学好比生活在家庭里，生活在邻里间，好比运动在运动场。”多么精辟的概括！多么形象的比喻！多么引人深思的话语！这正是告诉我们教育工作者，生活是教育的本源，生活就是课堂教学的“源头活水”。

传统的教学是按部就班的、简单僵化的教学。教师预先备好课，课堂就是单一执行教案的过程。它以知识的传授为核心，把学生看成是接纳知识的容器，只重视教师的教，而忽视学生的学。知识来源于生活，抽象于生活。教师在向学生传授知识时，应以具体生活中的感性材料为载体，这样才能使所教知识与学生储备的生活经验相呼应起来，从而调动他们的兴趣，有利于他们的自主学习与探究学习。共同的生活经验和兴趣又能更好地促使学生的合作学习。并且能更好地帮助他们解释生活，引导他们关注自己生活的环境，进而更正确地认识人与环境的关系，树立正确的人生观与可持续发展的意识。

虽然是公开课，有些教师会认为严肃一点的课堂氛围比较好，但是，往往是生活化的课堂更能得到实效。同时教师也应该让生活走进课堂。从学生的角度来看，学生是生命的个体，课堂应被看做是师生共同的一段生活经历，是他们生命意义的构成部分。所以，课堂应该贴近学生的生活实际，丰富学生的生活体验。

从教育与课堂教学上来说，教师要不断提高驾驭教材的能力，灵活处理，适度调整，使教学素材更具生活化、时代性的特征。

生活化的课堂教学，就是给严肃而神圣的课堂教学赋予活泼愉快的生活内容。这种新模式以通俗的生活现象诠释干枯的理论教条，寓教于乐，高度灵活地运用了理论联系实际的教学原则，巧妙地将思想情操和知识技能熔为一炉，给以往古板而程式化的课堂注入更多人文气息。作为学习活动的设计者，教师要充分挖掘生活资源，从学生的生活经验出发，将知识与生活紧密联系起来，尽可能地给课堂注入生活的新鲜血液、新鲜内涵，把无穷的生活情境融入有限的课堂知识中。

课堂教学是一门很抽象的学科。不少学生对数学不感兴趣，一提数学就摇头叹气，一上数学课就做小动作或打瞌睡。这种情绪甚至还殃及池鱼，连数学老师都一并否定了。

不过，杨燕老师却是一个深受学生喜爱的数学老师。她的数学课堂堂爆满，无论好生差生都兴趣十足，个个表现得生龙活虎，哪还有工夫打瞌睡呢?

下面是杨老师教授“测量——分米、毫米的认识”的教学片断——

学习本节课之前，学生已经认识了“米”和“厘米”，对“米”和“厘米”有了初步的感知，知道“米”和“厘米”是常见的长度单位，也知道了“1米”和“1厘米”大约有多长。

杨老师的这堂课基本分为下面4个环节：

活动一：创设情境，实际测量教室的物品

杨老师首先说道："同学们，今天，我们到学校新建的这个多媒体教室来上课，你们感觉怎么样呀？"

学生1说："感觉这个教室比我们的教室要大得多，桌子也不像教室里的是一个人一张桌子，而是一个小组一张桌子，大家在一起合作学习的时候会更方便。"

学生2说："感觉这个教室的黑板应该和我们教室里的黑板大小差不多。"

学生3说："感觉这里的课桌要比教室里的课桌高一些。"

杨老师问："这里的课桌、黑板、讲台的长、宽、高都和我们教室里的不一样，那么，它们到底有多长、多宽、多高呢？谁愿意来估计一下？"

一个学生说："我估计这个课桌的高有100cm，我们昨天量的教室里的课桌有70cm，我感觉这个课桌比教室里的高，所以我估计有100cm。"

另一学生说："我估计这个课桌没有100cm，因为教室里的桌子到我的肚子的这个位置，而这里的桌子好像只比教室里的高一点点，我觉得最多也就80cm吧！"

看到学生们各有见解，杨老师便说："那我们就来量一量吧！我们以小组为单位，你们可以测量这个教室里的任何一样东西。先在小组内讨论决定你们组要测量什么，再估计一下有多长，然后说说准备怎么测量，最后把测量的结果记录下来。"

学生开始分头测量。

杨老师说："现在，到了交流汇报的时间了，哪个小组的代表先说？"

"我们组测量的是黑板的长。我们是用米尺来量的，每量1米我们就在黑板上做一个记号，接着量第二次，我们最后量的结果是黑板的长4米。"一学生答道。

"有没有哪个组测量的也是黑板？和他们组测量的结果一样

吗?”杨老师问。

“老师，我们组测量的也是黑板。我们量的结果和他们的结果一样，应该说他们组测量的结果是正确的。”一学生回答。

“我们组测量的是这个课桌的长。这个课桌比我们教室里的课桌大得多，我们想知道它到底有多长。我们是用我们几个人的小尺子接起来量的，我们测出课桌的长是1米3。”又一学生说出他们所做的测量。

“能告诉我，这个一米三应该怎么写吗？能让我看看你们是怎么记录的吗?”杨老师问道。

同时，投影仪展示学生练习本上记录的结果。

“还有没有哪个组测量的也是课桌的长?”杨老师想看看有没有不同的记录课桌的长的方法。

“我们组测量的是课桌，对于记录的方法我还想补充一下，我记录的方法和这几个都不一样。”一学生勇敢而自信地答道。

“来，把你们组记录的结果也展示出来好吗?”杨老师用投影仪展示与上组不同的记录方法：130cm，1米3。

“有这么多种记录的方法，谁能简单评价一下吗?”杨老师又问。

“我觉得130cm比较好，我们已经学过了：1m = 100cm，1米3应该就是130cm。”

“我觉得1米3这种记录方法不太好，你只说3，到底是什么呢？是3米还是3厘米？都不合适，我觉得1米30厘米比较好，说得清清楚楚的。”

“刚才我们组测量的也是课桌的长度。我们量的结果是1m30cm，所以写成1m3cm是错误的。他把30cm记成了3cm，这是不对的。”

“我用的1.3m这种方法是小数，这是我妈妈告诉我的。妈妈说如果物体的长度不够一米，就可以用小数表示。”

“我喜欢用130cm。不是整‘米’，但是总是整‘厘米’吧！

那我们就用厘米作单位好了。”

对测量数据的记录方法，学生们各有自己的想法，但有的是对的，有的是错的。于是，杨老师补充道：“其实，在这几种表示方法中，除了1m3cm是不正确的，其他的几种表示方法都是可以的，在使用的时候你们可以根据自己已经掌握的知识进行选择。”

“我们组测量的是门的高度，我们测量的结果是2m多一点，因为上面太高了，我们没有够着，剩下的大约不到10cm吧。”

“那我们再一起来测量一次，看这扇门究竟有多高！谁能出个主意，怎样才能看清多出来的是多少厘米？我们应该怎么测量？”杨老师问。

“上面看不见，我们就从上面开始量，从下面看多出来的是多少厘米不就行了吗？”

“真聪明，这个主意很不错。”杨老师评价道。

接下来，师生开始一起测量。

“看来，你们估计得还比较准确，这扇门的高度是2m10cm。那我站在门的旁边，请你们估计一下我有多高呢？”杨老师顺势提问。

“我觉得有1m60cm。您刚才测量门的高度的时候，我看您很容易就把米尺的那一头放在门上边了，上面也就剩半根米尺那么长了。”

“你真善于观察，连我刚才测量的动作你都没有放过。”杨老师表扬道。

“我估计您有155cm。我妈妈就是155cm，我觉得您和我妈妈差不多，所以我估计您也是155cm。”

“比较是估测时常用的一种方法，你以妈妈的身高为标准来判断老师的身高，也是一种好办法。”

“刚才，我们在测量的时候，大家使用了米尺、软尺、小尺子等测量工具，它们能帮助我们迅速知道一个物体的长度。”杨老师总结道。

活动二：寻找并使用自身的测量工具

“当你需要测量一个物体的长度的时候，而身边又没有现成的测量工具，你准备怎么办呢？你知不知道在你的身上也藏有许多这样的工具呢？它们虽然没有尺子测量得准确，但是在很多时候也能帮我们的忙呢！”杨老师引出课题。

“我知道，我们前天学习的时候就知道了，我的小手指的宽大约是1cm，要是没有尺子，我可以用我的小手指来量。”

“我还知道，我的双臂平伸，稍微向里面一点，就是1米。”

“你身上还有别的尺子吗，刚才那个同学把妈妈的身高作为标准来判断老师的身高，就是一个很好的方法。其实，你自己的身高也是一个很好的尺子呀！下面，我们就来找一找我们自己身上的尺子好吗？”杨老师说道。

“现在我来布置任务，请你量出自己的身高、步长和展臂平伸时两指尖的距离。可以自己量，也可以找同学合作。”

学生开始自己量或互相合作，并将量的结果填在书上。

“测量好了吗？下面我们就来检验一下看你们的尺子管不管用。我请我们班的两位同学到前面来，请你估计他们的身高。”

两名学生同时上台。

“我估计××同学的身高是1m30cm，因为我刚才量的我的身高是1m20cm，他比我高一些，我觉得他应该是1m30cm。”

“我估计××同学的身高是1m28cm，因为我刚才量我自己的身高就是这个，我觉得我们两个一样高。”

“再估计一下这两位同学的腰围、头围是多少。知道什么是腰围、头围吗？”

“知道，腰围就是腰这一圈的长度。老师，我需要上去抱抱他。我估计他的腰围是50cm。因为我刚才量了我双臂平伸时两指尖的距离和我的身高差不多，是1m20cm，现在，我一只胳膊就能将他的腰围住，说明他的腰围跟我的胳膊的长短差不多，我看最多也就50cm吧。”

看这位学生说得还有一定的道理，杨老师说道：“你能以自己身上的尺子为标准进行比较，说得挺有道理的，我感觉你估计得应该是比较准确的。

现在我想知道你们的腰围和头围的准确长度，要怎么测量呢，谁有比较好的方法？”

“我今天带来了软尺，我可以直接围在腰上量。”

“我们家没有软尺，但是我带了一根绳子，我先用绳子在我的腰上围一圈，作个记号，然后量这段绳子的长度就可以了，量头围也是一样的。”

学生开始测量。

“把你们测量的结果和你们刚才估计的结果比较一下，你能发现什么？”

“我估计的结果和测量的结果差不多。”

“看来，我们身上的这些尺子还真管用。我们再来试一次。你知道了自己的步长，请你以这条线为起点，估计一下10米大约到哪里，自己做一个记号。”杨老师说。

“再来走一走，看这10米大约需要多少步。看着这么长的距离，请你估计一下，需要多少个同学手拉手才够10米？谁想来试一试？”杨老师问。

学生开始估测。

“通过这些活动，你想到了什么？你会对物体的长度进行正确的估计了吗？”杨老师又问。

“老师，我发现我的估计能力越来越高了，我估计的结果也越来越准确了。我看，要想估计准确就需要多练习。”

“我觉得记住几个标准很重要，比如我记住我的身高，我在估计的时候就和自己的身高相比，估计得就比较准确了。”

“你们说得真是太好了，知识和能力就是这样在日常生活中通过练习积累提高的。希望你们在日常生活中自觉地多做练习，

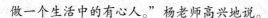

做一个生活中的有心人。”杨老师高兴地说。

活动三：练习

“下面我们就一起来做一个有关这方面的小练习。请同学们打开书第19页，看第3题，你能看懂吗？谁能说说看？”

“这是一个搭物体的游戏，让我们计算搭成的图形的高是多少？”杨老师提了两个问题。

“这三种物体的高是不一样的，第一种高2cm，第二种高3cm，第三种高8cm。”

“就是看看每种图形是用哪几种物体拼成的，然后将他们的高加起来就可以了。”

“那就自己完成吧！”杨老师说。

很快，学生独立完成了。

活动四：总结

“这节课，你们有什么收获？”

“我学会了测量很多物体的长度。”

“我这节课好几次的估计都比较准确，我发现有一个标准就好估计多了！”

“我知道怎么记录长度了！”

“老师，我能估计出从多媒体教室到我们教室的距离，我需要用我的步子量，等回到教室我就可以告诉你！”

这是上课吗？这简直就是在玩啊！

没错，杨老师就是将课堂生活化，让学生在玩中学习，在学习中“玩”。如此轻松、愉悦、热闹的课堂，就算不是杨老师班上的一分子，也会有种身临其境的感觉。就算学生数学再怎么差，也会沉迷于杨老师的课堂。

这一切都是生活化课堂的魅力！

对于小学一年级的学生来说，具体形象思维占优势，他们对长度单位的认识只是将其作为一个概念停留在头脑中，并没有与自己的实际生活紧密结合起来。对现实生活中某一物体的长度的估测，对一部分学生来说还有一定困难。

为此，杨老师抓住教学与生活的联系，让学生在真实的生活情境中学习数学。她在一开课时就提供了课堂中的实际素材，结合多媒体教室的真实场景，让学生以小组为单位，测量多媒体教室里的任何一样东西，激发学生学习的兴趣，很好地体现了生活中处处有数学。

接下来，杨老师又给学生创设了大量的动手操作和动口表达的小组合作学习的场景，使操作、观察、语言表达紧密结合，让学生通过自己的实践与交流来获得知识、得到发展，使数学学习成为学生发现问题、提出问题、分析问题、解决问题的过程，充分体现了数学学习的过程性和体验性。

教育家夸美纽斯说："寻找一种教学方法，使得教师因此可以少教，但是学生可以多学，使得学校因此可以减少喧嚣、厌烦和无益的劳动，多些闲暇、快乐和坚实的进步……"这不正给我们指明了教学的目标和方向——"以学为主"吗，这个教学理念强调了教学必须尊重学生的经验，不超越学生的生活经验来设计和创造课程，不脱离学生的人生体验来开展价值引导，不跨过学生的亲身经验来选择对话的主题。

实践证明，教师关注学生的"生活与知识经验"带来的教育成效比仅仅关注知识要高得多。生活化的课堂气氛也很活跃，教学效果也更加明显。

如何营造生活化课堂呢？有以下要点：

一、挖掘生活化的资源。

教材只是课堂教学的载体，并不是唯一依据，我们完全可以在充分挖掘教材中生活资源的基础上，理论联系实际，学以致用。

教材内容本身就是来源于生活资源。挖掘教材本身，提取生活化的教学资源，我们就可以营造出精彩的生活化的课堂氛围，再加上适当的理论提升，一定能取得良好的教学效果。

二、创设生活化的情境。

教师的职责不在于教给学生各种知识和灌输各种观念，而在于引导学生直接从外界事物和周围事物环境中进行学习，同他们的生活实际相结合，从而使他们获得有用的知识。因而，我们在教学中要注意创设生活化的情境，来激发学生的求知欲。

如何创设生活化的教学情境呢？首先，创设情境所选用的材料必须是真实的、典型的，而且是具有代表性的，与课堂教学的内容有着内在的联系的；其次，材料的选用必须贴近学生的生活实际；最后，根据学生的某些特点，选用学生喜闻乐见的事例、音乐、漫画、小品等多种形式，实现创设情境方式的多样化，把学生的兴趣和思维迅速地吸引到课堂教学之中。

三、运用生活化的活动。

课堂教学离不开教学活动。在强调活动方式多样化的同时，我们可以尝试采用一些生活化的活动方式。比如，可以根据教材内容，确立角色身份，让学生以主体角色身份，承担学习任务；采用一些如小品表演、辩论等形式，以此拓展学生的思维领域，开阔学生的知识范围，也可以关注学生的体验，就一些学生关注的问题，通过让学生开展社会调查，参加社会实践的形式，拓宽活动的空间，实现从教室到社会的转移，让学生有意识地将课本内容与生活实际联系起来。

将活动建立在生活的基础上，既实现了教学活动贴近学生生活实际的要求，又达到了让学生积极参与教学的目的。

四、设计生活化的问题。

日常生活实践中包含着丰富的学科知识。教师在教学中提出一些生活化的问题，能启发学生的思考，消除他们对学科知识的陌生感，真正激发他们学习的兴趣。这同时也符合学以致用的原则。

设计生活化的问题，首先，要做到“小课堂，大社会”，把我们生活中的一些与教学内容有直接联系的鲜活的材料引入课堂；其次，要注意从学生已有的生活经验和知识储备出发，让他们感受到所面临的问题是熟悉的、常见的，又是新奇的、富有挑战性的，一旦有了完整的回答，就能让学生感受到成功的喜悦；再次，问题必须要有明确的导向性，引导学生关注生活，在自己的生活中去搜寻，从他人的经历中去感悟，让学生经历一个“从生活到知识再到生活”的螺旋式的上升过程；最后，尊重学生，以人为本。提问时多用“你认为……”“你会怎么做?”“谈谈你的看法?”“你将如何解决?”等能给学生更多思考和发挥余地的提问方式。

生活离不开数学，数学来源于生活。老师给学生创设一个又一个的情境，引发一环又一环的问题，将数学知识引入现实生活，给数学找到生活的原型，促使学生层层深入地思考，不断地体验与感悟，自觉地将数学与生活联系在一起，从生活中学到数学知识，将数学知识生活化。

苏霍姆林斯基说：“如果教师不去设法在学生身上形成一种情绪高涨、智力振奋的内部状态，那么，知识只能引起一种冷淡的态度，而不动感情的脑力活动只会带来疲劳。”过分严肃的课堂教学会影响学生学习的积极性，抑制学生的学习欲望和主动性。因此，创设与教学内容有关的教学情境，以引起学生的好奇和思考，是激发学生求知欲和内在学习兴趣的有效方法和手段。

第五章　有限资源无限利用

一堂成功的公开课是所有资源的合理、有效的整合运用。除了一些不可能百分之百按预定的轨道运作，常会出现一些“意外”情境、“独到见解”和“独特体验”所诱发出来的课堂生成资源之外，更要对我们教师本身就具备的资源加以深度挖掘。只要可以被用来为充实、拓展课堂教学作贡献的，公开课的执教者们都要发挥积极主动的主观能动性将其作用发挥到最大，比如说黑板、教具、多媒体器械，还有最容易被教师们忽视的声音。所以，研究怎样利用课堂教学资源服务于课堂教学，获得举一反三、事半功倍的良好效果，是十分重要的。

第一节　用声音为自己增色

在公开课上，没有条件我们都要想尽办法制造条件；有条件、有可利用的资源就更要充分利用，让一切可以利用的事物来为课堂增色。人的声音，只要没有先天缺陷，就是生来就有的资源。不过，这种与生俱来的东西，往往被人容易忽略。可是社会心理学研究发现，人与人之间的交流58%是通过视觉，35%是通过听觉来实现的，只有7%是我们实际表达的语言内容。而在35%的听觉交流中，语言的形式，如音质、音频、语调、语气、停顿则是影响听觉交流的核心因素，这些因素被称为副语言，或语言形式，或声音。声音是语言内容的载体，语言动作发出者音质的刺耳或悦耳、音调的低沉或高亢、音频的舒缓或急促、语气的漂浮或坚定，给予交流者或受众的感受、传递的信息是有差异的。

音质优美，是教师语言的基础。所谓音质，是指语音的音色，是一个音区别于其他音的依据和标志。它主要是由声道的共鸣形状和发音部位于方法的不同决定的。好的音质，圆润清亮、结实饱满，让人听了悦耳爽心，有利于增强语言的感染力，激发学生的学习兴趣，营造良好的课堂气氛，从而提升教学效果。

音质的好坏，有先天的因素，但并不是完全由先天决定的。只要掌握好正确的方法，进行科学的训练，有良好的耐心和毅力，是可以使音质得到改善的。好的音质对教师在公开课上的发挥能起到意想不到的加分效果。

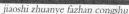

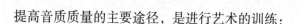

提高音质质量的主要途径，是进行艺术的训练：

一、要用本色自如地发音

有些教师为了给学生们带来语音上震撼的效果，讲课时大气粗声，一味的发高音；还有的教师为了和学生拉近距离而采用“家常式”语言，课讲的有气无力，声音平淡而松软；有的教师还甚至为了试图在语言上别具一格故意压紧喉咙说话，挤气出声。

实际上，这些都是大可不必的，教师说话就应该选择自己的自如声区中的最佳音域和最佳音量，并注意自我监听调节，切忌生硬做作，时间长了就养成了不良的习惯，破坏了自己固有的音色美。每个人发声机制都不是十全十美的，关键是否善于用本色音，并加以扬长避短，适当地调节，从而达到声情并茂的效果。

二、要会呼吸，会运用气息

著名的表演艺术家李默然说过：“练声先练气，气足声故亮”。没有足够的气息就不能发出明亮的声音，以“声音”为职业的教师平时就要注意训练自己的肺活量，调节自己的呼吸状态。

三、要适当地运用共鸣腔技巧

教师的讲课为了使整个教室每个学生都听得清楚，其说话音量必然比平时要高些，为了避免那种仅依靠提高声带颤动的频率来增加音量的现象出现，就有必要在发声时适当地运用共鸣腔技巧，以提高音量，减少疲劳，从而达到长期保持嗓音洪亮、音色优美的目的。

在西方政坛上，注重声音修炼往往成为政治家们获得成功的一个重要细节。在英国，被人称为“铁娘子”的撒切尔夫人，她的外表和风度几乎无可挑剔，可她那不悦耳的尖刺声音，曾经一度影响了人们对她的喜爱度。为了在选民们的听觉上展示一个有风度、有权威、可靠的英国保守党领袖的形象，她在音质专家的指导下，重新练习发声，改变了原有的尖细音质，这对她作为一个女政治家的形象增色不少。

还有优秀的电视播音员和电视节目主持人并不是以靓丽的脸庞和青春的年龄而赢得观众，他们最大的财富来自他们的才智和独具感染力的声音。在日常生活中，有时候喜欢一个人，也许仅仅是因为他那不可摆脱的迷人的声音。其实，对必须依靠语言来进行教学活动的教师而言，声音的训练是同样非常重要的。

一个动听的声音应该是饱满的，充满了活力的，能够调动学生情感的。但声音饱满并不一定就是永远高亢的八度音，尖锐刺耳的声音会使学生在课堂上变得烦躁不安，导致听觉疲劳，注意力分散。教师通过悦耳、舒心的声音传授的内容不仅能够吸引学生的注意力，而且还会产生“过耳不忘”的效果。一个有经验的优秀教师，在教学过程中总是十分注重用适当的语调、语气、语速来适当地表达相应的内容和情绪。用疑问的语气来引发学生思考，用坚定的语气来表达思想和信念，用舒缓的语气来表达宁静的氛围，用急促的语气来表达紧张状态，不同的语气对调动学生的情感具有不同的效果。

训练自己的声音，让它美妙动听，应该是每个教师的必修课。可以用录音机录制一节自己的课，自我反思并有针对性地训练自己的声音，具体可以注意以下几个方面的内容。

语调是否抑扬顿挫？你的教学语言是否充满激情？要知道，平淡乏味的语调难以调动学生的情绪，难以吸引学生的注意力。

声调是否太尖、太低或声音嘶哑？高尖的声调会刺激学生的听觉神经，让学生感到头痛和烦躁甚至反感。你可以把力气集中在嗓子眼上，要学会运用腹部和胸腔的力量。

音量是否太大或太小？太大的声音容易导致学生的听觉疲劳，太小的声音让学生听不清楚。一般来说教师在教室里上课，应尽量不用或少用扩音器，因为扩音器容易产生噪音。

语速是否太快或太慢？语速太快，容易使学生听不明白，难以发挥“听觉记忆”的效果；太慢了容易使学生失去兴趣和耐心，使课堂教学缺乏生机。

停顿是否充足？讲课时是否留下了学生必要的思考时间？语言的重点是否突出？适当的停顿是必要的，停顿能够突出重点，引起注意，激发思考。

发音是否存在错误？教学中是否有过多的重复语或口头禅？教师的教学语言应力求发音准确，避免口头禅。

对这种天生赋予人类的资源，我们要牢牢地把握住。为了一堂公开课想通过几天的练习就如愿以偿是不现实的。只有从现在开始并且长此以往坚持下去，并加以练习，就会慢慢见证自己声音的转变、见到同学们更加热切的眼神和自己不断处于进步中的脚步。

第二节　教具，助你一臂之力

在一个非常寒冷的严冬早上，某老师却摇着一把纸扇走进教室，这深深引起了同学们不解地疑惑，当大家明白这是因为老师这节课要讲扇形的有关内容时，都露出了醒悟的神情。又如某老师提了一副麻将牌到教室，同学们在猜，老师总不会教我们玩麻将吧?！那又是要干什么呢？只见他把牌一块一块地等距地摆在讲桌上，之后才知道，他正在用多米诺骨牌原理讲数学归纳法呢！这些很少出现在课堂上的东西都高度引起了同学们的注意，对课堂内容十分好奇，一心想老师究竟拿着这些东西有什么意图。

这就是教具的魅力，它不但能够挑起一个好奇点，引起学生的注意，还可以让学生直观感知、动手操作所学知识，使新知化难为易、变抽象为具体。这在一堂公开课上无疑是一个巨大的亮点。

有句话说得好，一幅好图胜过千言万语。用这句话来形容教具的作用再恰当不过了。

好的教具可以在公开课上活灵活现地表现你要费很多精力、搜肠刮肚地想出大量词汇来描绘的事物。它可以节省你讲解的时间，产生趣味，令课堂增加变化，还可以帮助你的学生记住你的主要观点。它可以培养学生的观察能力。我们都知道，观察是学生认识世界的重要途径。它还可以使学生弄清教学要求，区分学习要点，研究学习提示，做好有关笔记，可以提醒学生注意学习内容的结构特点等，同时帮助学生以一种有组织的方式进行记忆和理解。更能引起观课教师的好奇心，起到教师之间在教学上的切磋。

这就是在一堂公开课上引用教具的好处，具体点说对学生来说，即使课本上有图示、有说明，但却仍然缺少一种能够让人直观感知的印象。哪怕是中学生，他们的理解能力虽然比起小学生来已经有了很大进步，但对纯粹理论性内容的理解还是有一定难度的。

倘若公开课的执教者只是在课堂上不厌其烦地讲解课本上的理论，或把课本上的图示“搬”到黑板上讲解，学生们可能会在理性上明白这个道理，但却难以有深刻、持久的印象。

在学生对教学内容模糊不清、教师本身又不知如何才能更好表达的情况下，教具的出现就可谓是“及时雨”了，及时化解了学生心中的疑问，及时为学生理清了思路，及时给了学生一次将抽象知识与直观感知相结合的机会，也能够让教师松上一口气，以进行以下的内容讲解，不至于在这一个问题上浪费时间，毕竟，对课堂时间的掌控，也是公开课是否成功的一个标准。

在课堂教具的问题上，还有一点非常值得教师们借鉴。不单单在公开课，在平时的常规教学中，不妨让学生课后自制教具，不但可以起到巩固学生所学知识的作用，还可以增强他们动手、动脑的能力，促使学生把课堂学到的知识应用到实际中去。

这里，在让我们体会一下教具在课堂中的独特地位。

生物课上，老师指着模拟的人体骨架，告诉学生们什么叫“头骨、躯干骨、胸骨”，虽然那个骨架让你生出一种恐怖万分的感觉，但你还是真切地感知了人体总共有206块骨头的道理；化学课上老师带来苯环的分子结构，让你看清楚了什么叫“六边形”分子结构；物理课上老师把水平仪、经纬仪搬到教室时，你当时可是欣喜万分，终于从理论应用到实践了，可以测一测教室的地面是否水平了？某班刚开始学习立体几何时，学生们都非常头痛。因为老师一再强调“学习立体几何要有空间想象力”，但是孩子们脑子转了无数遍也不明白老师说的“空间”在何处。老师讲到“三条直线两两垂直相交”时，学生一个个面面相觑，颇感困惑：“三条？垂直？”在他们的印象中，有两条就足够了，还有三条？这时，老师指着教室的一个墙角说：“大家看，这个墙角是不是由三条两两垂直的直线组成的?”同学们一看，茅塞顿开，原来是这样啊!

这样，学生们对立体几何的兴趣就被一个小小的“墙角”调动起来了，最初的恐惧感也被冲淡了许多。

当然，墙角是一个非常生活化的教具。但现实说明，有经验的教师总是尽可能地利用周围的现实空间和各种教具，启动学生的两个半脑同时动作，积极思考。

有一位作家在她的一本书中这样写道；“我们处在一个视觉社会，如果你想让自己的言语被记住，就应该让听众看到它。人们会记住他们看到的50%以上的东西，而听到的则往往很容易被忘记。这就不奇怪为什么在大部分人的讲话中都会引入视觉教具了。”这位作家所说的视觉教具是指在演讲中任何可以被人们用来配合讲话的道具。如表、图画、幻灯片、照片、印刷品以及实物模型等。恰当地运用直观性教具，对学生掌握知识能够起到很好的推动作用；恰当地使用教具，能大大增加课堂情趣方面的奇妙效果。

教具带给教师的益处是无穷无尽的，但也需要在使用教具教学的时候特别注意以下问题：

1. 摆正教具在教学中的地位。

教具的运用是为教学目的服务的，与突出重点、突破难点相一致。运用教具可以增强听觉和视觉效果。教学中常见的教具有小黑板、挂图、幻灯、投影、录音、录像、模型等。

而在现实中，目前还存在两种需要克服的倾向：一是上课不使用一件教具；二是虽然运用了教具，但不恰当。有的教师是为了用教具而使用教具，有点“装门面”的味道；有的教师没有配合讲课内客充分发挥教具的作用，影响了教学的效果。

2. 用教具演示时要注意演示的示范性。

教师的一举一动对学生有很大的影响。教师演示教具的每一步，对于学生来说，是一个示范的过程，也是动手操作实物、探求真理方法的熏陶过程。但是有的教师，尤其是刚刚走上讲台的新教师在公开课上，往往没有意识到这一点，而是片面地认为，教具只是课堂教学中的一个小小道具，作用微弱，不必精心设计演示方案，只要在教学中用过即可。因此，出现了有的教师见到有现成的教具，随便拿来就用，不研究用何种形式、何种步骤向学生一一展示教具各部位特征以及如何使用教具是最好的现象。

有的老师见到书上有演示的示意图，就照“图”宣科，让学生看着书中的插图，问一问、填一填，不研究如何动态再现知识的形成过程；有时候实在没有现成的教具，便简简单单画出草图，随口说两句，不研究如何形象、规范地勾勒知识的本质特征，导致课堂上学生无法从教师的讲解过程中获得正确的感性经验，获取正确的解题思路。

如果教师在教学上忽视了模型、图表等教具的运用，那就意味着你将学生的大脑功能至少降低了一半，而你的教学也将会变成独臂侠，好比是一个正常的人被捆住了一只手臂一般，难以尽善尽美地再现你的风采。

想让你的公开课多一点欢快，多一点轻松，多一点笑声，多一点学生想要的东西吗？那么，请别忘了你身边的助手——教具，当然，关键还得你运用得恰到好处。

第三节 板书，抓住学生的眼球

板书是教师课堂上为帮助学生理解、掌握知识在黑板上书写的凝结简练的文字、图形、符号等，它是用来传递教学信息的一种言语活动方式，又称为教学书面语言。板书是课堂教学的重要手段，它与教学语言的有效结合，可以使学生的视觉跟听觉配合，更好地感知教师讲授的内容，也是在公开课中见证一个教师教学素质之一的着手点。

作为公开课亮点之一的板书具有以下作用：

一、突出教学重点与难点

板书的内容通常为教学的重点、难点，并且在关键的地方一般都有标识，比如用不同颜色的笔书写和绘画，便于学生理解和把握学习的主要内容。

二、集中学生的注意力，激发学习兴趣

板书在文字、符号、线条、图表、图形的组合和呈现时间、颜色差异等方面的独特吸引力，能够吸引学生的注意力，激发学习兴趣，并且使学生受到艺术的熏陶和思维的训练。同时，板书、图画使学生的听觉刺激和视觉刺激巧妙结合，避免由于单调的听觉刺激导致的疲倦和分心，兼顾学生的有意注意和无意注意，从而引导和控制学生的思路。

三、有助于启发思维，突破难点

富有直观性的板书，能代替或再现教师的演示，启发学生思维。好的板书，能用静态的文字，引发学生积极而有效的思考活动。

四、概括要点，便于记忆

教师的板书反映的是一节课的内容，它往往将所教授的材料浓缩成纲要的形式，并将难点、重点、要点、线索等有条理地呈现给学生，有利于学生理解基本概念、定义、定理，当堂巩固知识。教师板书的内容往往就是学生课堂笔记的主要内容，这无疑对学生的课后复习起引导、提示作用。

五、有助于学生梳理文章脉络或教学内容的发展线索

一则好的板书，常常以精炼的文字辅以线条、箭头等符号，将教材的重要内容及作者的思路，清晰地展现出来。

所以说，如果教学是一门艺术，那么，那些呈现给学生看到的、听到的、触摸到的、可联想到的事物，就都要有一种美妙诱人的艺术魅力所在，才会启发、引导学生去积极主动地学习，从而获得最佳的教学效果。

公开课上，老师那手漂亮的板书、工整的粉笔字总是让在场师生难以忘怀。

不少年长的地理老师只用一支粉笔，就能画出精致的中国地图；而资深的数学老师随手画出一个标准的圆也并非难事。

板书是课堂教学的重要组成部分，是老师的微型教案。而一幅好的板书，不仅有助于学生对教材的理解和对知识的巩固，而且对启发学生思维、发展学生智力、指导学生学习都起到画龙点睛的作用。

在人所获得的全部信息中，其中视觉一项就占了83%，所以，板书正好弥补了学生听课上的遗漏，可以吸引学生注意力、激发学习兴趣，加深他们对教材的理解。

想象一下，有哪一个学生可以仅仅依靠“听”来上完一堂课呢？

因此，在公开课教学过程中，想要取得预期的效果，教师就不能单纯地使学生听，更重要的还是充分发挥他们的视觉作用，让他们通过视觉去感知板书，通过板书去感知新信息、新材料。调动学生多种感官，了解一节课的知识内容。尤其像关于古文的公开课，很难想象没有精彩的板书会收到什么样的效果。对大多数学生来说，古文并不是他们感兴趣的东西，因为古文时间久远，语言晦涩难懂，光琢磨几个词语的含义就够费劲了，更不用说从课文中感知情趣了。

如果你观摩过名师的公开课，就会发现他们并不是简单地在黑板上写几个字，而是将文字有机组合起来，随着课堂的进度，成就一幅直观的图示。这样就会增强课堂语言形象、鲜明的效果，让学生更加明确老师的教学内容。当然，老师们也可以不这么费劲，事先准备几个多媒体教学课件，用幻灯片一放，岂不更直观。只是这么一来，学生们看着那些五光十色的风景以及形态各异的鸟禽图片，难免会有走马观花的感觉。当学生们看到溪流、怪石、奇山、珍禽时，恐怕只会生出一种“风景不错，鸟儿很可爱”的念头，他们还能深刻体会到那种“悲凉凄苦”的心情吗？恐怕不会吧。

此外，教师还应该将板书的另一个作用发挥得恰到好处，那就是“以字代言”。面对窗外的“奇观”，面对分神的学生，老师们没有必要大声喊叫和批评，如果是公开课，就更不适宜粗鲁对话。用板书来代替，在当时那种特定的情况下，反而起到了看似无声胜有声的效果。

今天，整个时代都进入了一个信息时代，多媒体的发展让我们的生活发生了天翻地覆的变化。电脑、幻灯片、多媒体课件等高科技产品正以前所未有的速度渗透到我们的生活中，进入到我们的课堂里。随着电脑和多媒体技术进入课堂，老师们越来越重视多媒体课件的使用，而对板书却日益疏远起来。不少研究教育的人士为此感到担忧：教学手段搭上“现代化快车”后，老师的一手漂亮板书，到底还需不需要？或许你会说，时代不同了，电子课件毕竟给我们带来许多便捷，也杜绝了让我们吸粉笔灰的现象！言外之意，板书已经落后了，应该退出课堂了，可以完全由电子课件替代了！

但板书这一传统教学方式在这个信息社会真的是可有可无了吗？当然不是。正如一位业界人士所说："只要黑板一天不退出课堂，板书就有用武之地。"

请听听学生们的心声："我们更喜欢老师的手写板书，因为它显得人性化。电脑演示的课件总给人冷冰冰、疏远的感觉，有时还会影响学习兴趣。比起鼠标点击，看老师一边讲解一边写板书，更容易理解。"

板书有着电子课件无法比拟的优势：人性化！

无独有偶。据报道，某教育集团给旗下的老师集中补课，内容竟然是学习如何写板书。原因是青年教师的板书差，有如"蟹爬"，令学生无所适从。据负责讲课的主任评价，不少老师的板书不是从左到右写满一黑板，就是杂乱无章地写在黑板各处，有的老师甚至根本就没有写板书的习惯，一节课下来仅随手在黑板上留下几个字。

板书是重要的，因为它是认识的"梯子"。学生的学习，要遵循由易到难、由浅入深的过程，即符合循序渐进的规律性。成功的板书，能体现出鲜明的层次性与梯度性，就像在学生面前放下了一架"梯子"，顺着这架"梯子"，学生将比较轻松地一步一步跨入更高的知识平台。

板书是重要的，因为它是想象的"翅膀"。学生的想象力是无穷无尽的，教学的最大技巧就在于激发学生的想象和创造欲望。好的板书无异于为学生插上了"翅膀"，凭着它，学生会进入思接千载、视通万里的思维状态。在此过程中，学生将充分体验到求知的快乐，从而激发起更强的学习欲望。

板书是重要的，因为它是记忆的"链子"。任何知识在传授的过程中，都要求体系性。教师在教学过程中，借助于板书，把课本中相对纷杂的知识进行整合，使之条理清晰，使前后知识环环相扣，这有利于学生对知识的记忆和巩固，从而减轻学生的学习负担。

板书是重要的，因为它是创造的"起子"。育人的最高目标，是培养学生的创造能力。板书设计作为教师的创造性劳动，对学生具有启发性。西方教育界有一句名言：学生是待燃的火，教师则是点火者。从这个意义上说，板书的艺术从一定程度上便是点火的艺术。凭着成功的板书，教师不停地向学生传递着期待。板书恰似一把“起子”，能开启学生创造探索的智慧之门。精妙的板书设计，能将优美的文字书写，精美的图表、图解和口头讲述融为一体、相辅相成、相得益彰；它会使课堂增色生辉，使学生精力高度集中，使课堂教学效率大大提高，它能再现教学内容的精髓，能创造一种美感盎然的教学情景，给学生以美的享受、情的陶冶和学识的增长。

板书是重要的，因为它是公开课中一个教师的教学水准最显眼的表现。

那么，怎样才能写出一个好板书：

一、板书要流利、优美。

一手流利、工整、优美的粉笔字是板书艺术的基础。否则，板书不仅起不到示范的作用，还会直接影响到学生的学习兴趣。

好的板书具有音乐的节奏感和美术的色彩感，寥寥几笔勾勒出段落大意，将有效地激发起学生学习的兴趣。

二、板书内容要少而精。

板书与讲解一样，贵在“少而精”。古人说：少则得，多则惑。板书要做到少书、精书；板书要书在点子上，书在关键处，才能起到画龙点睛、提纲挈领的作用。

三、板书要有计划性。

板书之前，我们执教者要对板书内容有一个大致的安排，通盘考虑。最好在书写时把黑板分成三部分，重要内容写在黑板中央。书写时要注意先上后下、先左后右，先标题、后内容、再小结。千万不要横七竖八，杂乱无章。

另外，书写时还要注意把字书写正确，注意笔画顺序、框架结构，不

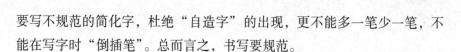

要写不规范的简化字，杜绝“自造字”的出现，更不能多一笔少一笔，不能在写字时“倒插笔”。总而言之，书写要规范。

四、板书要注意简洁、扼要，便于归纳、总结。

好的板书是课堂教学内容的深化和浓缩，而不是讲解内容的简单重复。我们应把讲解内容进行分解、综合、归纳、演绎，使板书内容更加提纲化、系统化，形成知识网络。

五、板书应有明确的目的，要主次分明，重点突出。

一般来说，板书的内容要紧紧围绕教学目的，教学上的重点就是板书的重点。经验告诉我们：只有那些有条理、有系统、重点突出的材料才有利于学生的记忆，所以，板书内容必须条理清晰、层次分明、重点突出。

六、板书要设计小样。

我们教师在深入钻研教材，认真备课的基础上，要结合本班学生情况，在上课前设计一个切实可行的板书提纲，也就是板书小样贴在教案的后面。

这样我们上公开课时，由于对板书内容心中有数，就能使讲解与板书相互配合得更加井井有条。设计好的板书很重要，但要注意一点，板书只是你课堂教学的辅助工具，切不可一切为了板书而教，那样就失去了板书的实际意义。

第四节　巧用多媒体上好公开课

如果说“教鞭、粉笔、小黑板”是传统教学的“旧三件宝”，那么，“多媒体课件、实物投影仪、电子讲稿”则是今天教学的“新三件宝”。

随着时代的发展和科学技术的进步，越来越多的现代化教学手段被应用到教学过程中，为教学活动冲破时间和空间的限制，形象具体、生动活泼地表现教学内容，实现教学的最优化提供了条件。计算机多媒体教学也已走进学校、走进课堂，由开始的在优质课、示范课上“增加亮点”向日常课堂教学迈进。

心理学研究表明：记忆，是过去经验在人脑中的反映，同时用视觉和听觉两种器官接受信息，比单独使用其中一种器官接受到的信息记忆效果要好。

所以，教师们在准备一堂重要的公开课的时候，会不会考虑到运用多媒体教材呢？

答案大多数是肯定的。一名教师如果能够熟悉现代化教学手段的理论和操作机能，并能依据教学大纲的要求，从学生的实际出发合理选择现代化教学媒体，且使之与传统的教学媒体合理结合，就能够极大地丰富课堂教学，促进学生对知识的理解和记忆，培养学生的各种能力，提高学生的素质，大大提高公开课的教学效果。

像抽象性比较强的公开课，不少知识点比较抽象，难以理解和掌握。因此，在运用多媒体教学上可以以图文并茂、视听合一的形式增强教学内容的直观、形象、感染力，引起学生对学习政治的浓厚兴趣，促进学生思维的发展，达到政治课教学的目的。

在公开课上，多媒体教学受到广大教师们的如此欢迎，它们到底独特在哪里？

一、创设情境，激发学习兴趣

执教者可以根据教学目的的需要，利用多媒体，通过声音、图象、文字的展示创造出某种认知情境和情感气氛，可以带给学生清晰的印象，加深对知识的理解，帮助学生建立形象思维，以调动学生思考的积极性，从而激发学生的学习兴趣。

二、在学习中，激发学生的潜能

多媒体技术突破了传统教学的局限性，打破了时空的限制，拓宽了学习视野，丰富了教学内容，浓缩了众多表象，化静为动，化远为近，可以让学生更好地在参与中学习，在学习中学会创新，学会思考。

三、弥补教材材料不足，扩大知识量，提高课堂效率

教师们在使用的教材中有些材料因受到空间、地域、时间的影响，不能贴近当地学生实际情况，这就很难引起学生的共鸣。

对“多媒体教学”的探索，能使我们深深体会到公开课中运用多媒体教学的确在创造情境、激发兴趣、挖掘潜能、拓宽思维、提高教学等诸多方面有着传统教学无法比拟的优势。因此，我们教师在新形势下要不断学习，不断总结，巧用多媒体实施教学，更好地发挥多媒体在公开课教学中的作用。

在物理公开课上，肖老师通过课件展示，让学生观察核外电子分层排布示意图和电脑模拟电子运动的动态效果。这首先就吸引了学生的眼球，让学生领略了神奇的微观世界，激活了学生的好奇心，然后让学生进行猜想，收集实证，接着通过分析和讨论原子结构的科学史料让学生了解了科

学的方法，增强了他们学习的兴趣。

肖老师制作的多媒体课件使微观变直观，抽象变形象，让学生初步了解了获得实证的途径，达到了突破教学难点的目的。让学生体验了科学探究的过程后，肖老师进一步启发学生对电子运动进行遐想，并进行适当的指导，让学生了解了核外电子是分层运动的。在“氧化钠的形成”这一教学环节，肖老师让学生表演这一过程。学生感觉新奇而激动，投入的表演活化了教材，收到了理想的学习效果，也使课堂教学焕发出勃勃生机。肖老师利用课件展示和图示板书同步，把钠原子和氯原子发生电子转移形成氯化钠的过程简明呈现，让学生有了形象思维到抽象思维的飞跃。

在肖老师不断利用课件“诱惑”学生的基础上，学生探究的兴趣越来越浓，课堂也充满了活力。

肖老师利用多媒体辅助教学突破难点，改变了传统的教学方式。多媒体课件使微观抽象的离子形成变得直观，帮助学生领略和体验了微观世界，提高了学生的想象力、创新力，极大地活跃了课堂氛围，较好地解决了教学中的难点。

多媒体课件帮助肖老师创设出新颖有趣的动画情境，化静为动，为学生营造一个图文并茂、动静相融的教学场景，促使学生多种感官同时接受刺激；多媒体课件信息量大，能够创设教材难以提供的情景，突破难点、化繁为简、化难为易，让学生轻松愉悦地学习；多媒体课件能够将难以掌握和理解的抽象知识以直观的形式展现在学生面前，将学生带入一个形象、生动、直观并且不受时空限制的学习世界。

多媒体在有些教师眼中是一个相当复杂的事物，在课堂上实践的时候，有时也会有放不开手脚的时候，那么，在多媒体的使用中有哪些原则可以供我们选择呢?

一、主体发展性原则。

教学的主要任务是促进学生的发展。教师运用多媒体教学不能只是把教学内容制作成教学课件，简单地在课堂播放，以媒体取代教师的主导作用或学生的主体作用，取代学生的思维过程，取代对学生各种能力的培养过程，取代师生间的交往与情感交流。

在任何时候，教师都应发挥其主导和组织的作用，都应及时处理好教学中出现的各种情况，切不可被多媒体课件牵着走。不能为了让学生看自己精心设计的课件，而不顾课堂上学生的实际。

二、目的整体性原则。

只有当教师真正把计算机技术同学生的学习过程紧密联系在一起时，它才会发挥巨大的教育功能。教师指导学生看图形或动画的目的，不在于画面本身，而是让学生借助它们理解知识点，读透教材。呈现在学生面前的画面，任何时候都应该是直接或间接反映主题的，是激发学生兴趣引导他们突破教学重、难点的，不能把多媒体教学搞成幻灯会或影片会。

三、认知工具性原则。

要将学生放在认知的主体地位上。教师在教学过程中要以学生的认知发展为出发点，给学生足够的学习自主权，让学生积极主动地思考，而不能把多媒体当成“灌输”的工具，大量地给学生“传授”知识。

四、情境建构性原则。

教师运用多媒体技术为学生提供图文声并茂的多重感官刺激，并按照文本的方式组织和管理各种教学信息和学科知识，对学生关于当前所学知识的意义建构具有十分重要的作用。

五、可交互性原则。

多媒体课件应具有良好的可交互性。有些教师制作课件时，将整个课堂的教学内容、教学程序以及板书等统统编织进去。上课时，教师只管按鼠标，一路“next”下去，虽然省劲儿，但与学生交互性太少，仍然是“灌输式”，教学效果并不好。特别是让学生自学型的习题课件，更应具有良好的交互性和反馈功能。

六、辅助性原则。

多媒体在课堂教学中的辅助功能不可低估，它可以使抽象的教学内容更直观，从而使其更具有说服力；它可以让课堂生动起来，更好地调动学生的参与兴趣，激发师生间的互动，使教与学达到有效沟通。但多媒体也只能是教学的辅助工具，只能服务于教学。教师利用多媒体的目的是让自己教得更好，让学生学得更加积极。所以，切不可让多媒体成为课堂教学的主角，因为它绝不能代替教师的作用。

有句评价说得好，运用多媒体，教师能使课堂达到“课伊始，趣亦生”的境界。

不要再为课堂重点难以展现而苦恼，不要再为教学难点难以进行而担忧，精心制作一份精美的课件，让难点由抽象变形象，由微观变直观，活灵活现地展现在学生眼前。如此有趣、如此神奇的画面在学生看来还会觉得难吗?!

第六章　用细节锦上添花

什么是细节？《汉语大词典》将其解释为“细小的环节和情节”。“细”，微末之处；“节”，关键之处。一个细节，可以彰显一个完美的整体，也足以导致整体的毁灭。作为教学活动之一的公开课，其细小的环节就是所谓的教学细节。

我们如果把公开课上的细节处理好的话，提高课堂效率就不会成为难题，也许，影响全局的就是这一细微之处，我们不缺少雄韬伟略的战略家，缺少的是精益求精的执行者，白蚁确实可以造成长堤溃决的后果。必须进行科学、细致的工作，才能防患于未然，任何麻痹和对细节的忽视都会带来难以想象的后果。

所以，细节虽小，却具有毋庸置疑的重要性，值得教师在开展公开课的过程中认真关注和研究；细节虽小，却能体现出教师的水平和智慧；细节虽小，持之以恒就能折射出璀璨的光芒。关注教学细节是教师获得自身发展的途径之一。

第一节　一分钟也不拖堂

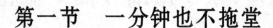

下课铃响了，教师仍然继续进行教学活动，即“拖堂”。学生课间休息时间，满打满算也就 10 分钟，可有些教师“拖堂”少则两三分钟，多则七八分钟，甚至还有“拖”到下节课的上课铃响过仍不肯下课的，实在令人难以置信。

其实，不管因为什么原因拖堂，都是不可取的，拖得越多越久，越不利于课堂管理，而且，也不合法、不合情、不合理。

一、“拖堂”是对学校作息制度的蔑视与践踏

守时是一种社会公共准则，在这种公共准则之下，学校制定有作息制度。什么时间到校，什么时间放学，什么时间上课，什么时间下课，这是每个学校作息时间表上都写得清清楚楚的东西。这些都是国家根据未成年人生理心理特点而制定的，是具有权威性的规定。

“拖堂”教师则把体现国家意志的作息时间看成是可执行可不执行的软性规定，或者说根本没把规定放在眼里。

“我拖堂是加班加点，是工作积极肯干的表现，我就是不按规定的时间下课，我就是想什么时候下就什么时候下，你能把我怎么样？”

这不是公然藐视与故意践踏学校作息制度，又是什么？具有这种心理的人，还有什么不讲理的事不敢做？

二、"拖堂"是以教师为中心教学观的集中体现

若教学工作以学生为中心，那么教师所做的一切都是为了学生的全面成长，教师会时时处处为学生的全面发展负责。在课间休息问题上，教师会考虑到学生作为正在接受知识的未成年人，不能长时间处于紧张学习状态，必须有必要的放松和休息。课间休息时间就是让他们放松和休息的，教师强占这一时间就是对他们身心的摧残。

不少以强占学生课间休息时间为荣的教师，公开表白自己这样做是为了提高学生学习成绩。这不过是骗人的障眼法罢了，他们这样做的真实目的，不过是为了自己所教学科成绩高于同年级同学科其他教师。这到底是以学生为中心，还是以教师自己为中心呢?

三、"拖堂"践踏学生休息权

中华人民共和国公民都享有合法的休息权利。劳动者享有休息权，未成年人同样享有休息权。这些权利已经用法律法规的形式确定下来，其中学生的休息权是由政府规章的形式来确定，具体表现为对学生作息时间的规定。教师上课"拖堂"，强行侵占学生的课间休息时间来进行文化课教学，就是侵犯学生休息权。

四、"拖堂"破坏良好的师生关系

"拖堂"的教师对"拖堂"是不可能有恶感的，不仅没有恶感，还非常喜欢，所以，他们想当然地认为学生也肯定没有恶感。事情果然如此吗？否。在通常情况下，学生只不过不敢公开表达自己的愤怒罢了。可以这样说，学生没有不对教师"拖堂"持反对态度的，不过是程度不同。有些麻木一些，有些则深恶痛绝。他们私下议论时，有的甚至对教师很不尊敬。

有这样一位喜欢"拖堂"的教师，因为从来没有人当面对她提出批评，所以一直自我感觉良好。偶尔听学生议论，对她的"拖堂"行为怨声

载道，她才对自己的行为有所认识。

五、“拖堂”引起教师间的矛盾

我们先看一个有代表性的例子：

上课铃响后，某教师走进教室站到讲台上，刚刚开讲不到三分钟，就有几个男生气喘吁吁跑到教室门口喊“报告”。某教师火从心起，厉声问他们为什么迟到。学生回答：“上节课下课晚了，上厕所来不及赶回来。”某教师问：“上节课上的什么？”学生回答：“英语。”不用说，某教师立刻对英语教师有了意见，认为英语教师影响了自己的课堂教学。

更有甚者，有的教师打上课铃后来到教室门口了，里面上课的还讲得正带劲，迟迟不肯下课，让等候在外的教师愤愤不已。

“拖堂”，确实是一种不好的行为。既损害学生的身心健康，又损害其他学科教师的“利益”。当一个教师过分考虑自己不顾他人的时候，只能收获怨恨。不仅收获学生的怨恨，还收获教师的怨恨。

上面讲了不少“拖堂”的危害，有的教师尤其是新教师或许会问：“难道它就没有好处吗？要是它不能提高成绩，那些教师干嘛还拖堂呢？”

新教师工作时间久了就会发现，“拖堂”跟提高成绩没有必然的因果关系。这样说吧，凡是喜欢“拖堂”的教师，一般来说学生口碑都不好。从他们任教班级的整体学习水平看，成绩优秀的十分鲜见。

拖堂的弊端是如此之多，是教师与学生普遍所不欢迎的。所以，在公开课上就更加不能“自露马脚”了。不管你之前的过程，哪怕是细节都如此完美，一旦因为一点小问题，就拖堂的话，之前的所有的努力都会功亏一篑。要想收尾收得好的话就要做到：一分钟也不要拖堂。

第二节　机智处理偶发事件

偶发事件是指课堂教学中没有预先预见而在教学过程中出现的事件，即教学中的“意外”。偶发事件在常规课堂中还可以根据教师自己的意愿进行处理，但是在公开课上，这些偶发事件就会在一定程度上影响公开课的教学进程，甚至教学质量。由于偶发事件具有偶然性、突变性、多样性和不易控制等特点，所以很多老师非常担心在公开课课堂教学中偶发事件的发生，但是他们无论在上公开课还是常规课时被突如其来的偶发事件打断，这并非什么新鲜事了，面对偶发事件，我们有时扫兴，有时恼火，有时束手无策，有时则习以为常。

偶发事件，更多时候成为课堂教学的干扰性因素，甚至成为个别教师教学心理中的阴影。其实，偶发事件看似与教学目标无关，或是影响课堂教学，但只要我们教师处理得当，因势利导，以变应变，恰当运用，不但可以保证课堂教学的顺利进行，而且还可以将之转化为有价值的课堂教学资源，成为课堂教学的新亮点。

因此，何不将课堂教学中的偶发事件作为一种有效的教学资源，融入到课堂教学之中，使其成为课堂教学的新亮点，让精彩在“意外”中绽放。

这是一节区级公开课，是关于幸福的一个课题，课文内容是一个有关幸福的电视节目采访。一位研究幸福的心理学家布莱恩在接受电视节目采访时谈论如何找到幸福，他讲述了桑兰的故事。这位向成功一步步迈进的女孩，在一次训练中由于偶发事故受重伤而瘫痪，但她对生活和未来却一直保持乐观、积极向上的态度。桑兰对自己能活着感到很幸福，并庆幸自己还可以学到许多新的东西。

本课按教学设计，进行到两个小组自愿上台表演采访，虽然参与的两组4名学生表演很一般，但全班同学还是给予了鼓励的掌声。老师正要接教学计划进行下一步，这时另外一个小组坐第二排一个学生把右手举得特高，没等老师反应他就站起来了大声说："老师，我认为我们表演得比他们好，我们想试一下。"举手的同学大声说道。这时老师感到有点突然，因为心里没准备，于是仍勉强地问道："你们肯定比刚才表演得好吗"可心里却想着一定要完成教学设计安排，而这位同学又用英语说："我肯定"。口气十分坚定。老师还是不甘心地问道，但心里已在犹豫了："你知道我的课堂时间很紧吗?"老师和这位同学似乎在心里就这么僵持着，老师又顽强地、试探性地问了一句："如果在今天这个场合我不给你这个机会你会怎么想?"此时此刻老师已从讲台走到这位同学的身边了。但他认真的而又坚定地说："我相信你一定会给我们这个机会的。"

这时，全班同学、包括全区外听课的老师都把目光聚集在这位老师的身上，看他怎么办。

这时，老师转过身，举起了双手鼓掌，大声宣布："大家欢迎他们上台。"话一落地，全班就响起了期盼的掌声。此时此刻，老师突然感觉很感动。无论他们的表演是成功还是让人失望，一点儿都不担心。为这几个学生的大胆与自信以及他们的参与精神所感动，已在心里为他们喝彩。

真的没想到，他们的表演很形象到位，还有扮演桑兰的那位学生的自信，以及他回答主持人问题时表现出来的幽默。他们对话自如又投入，能看出临时超常发挥了预先的准备，但却抓住了在场的每个人。这个采访“占”了四分钟时间，却将课堂推向了高潮。

当然，这一堂没有完成教学计划，最后一个问题只进行了一半，但是却收到了出奇不意的效果。

这位老师在迫不得已的情况下，最后机智地处理了偶发事件。但是偶发实践不仅仅限于这些，我们教师要培养处理各种课堂教学的偶发：

一、处理教学失误的机智

公开课课堂教学是一种极其复杂的劳动，尽管教师认真准备，但仍不能避免自身出现一些意想不到的失误。出现失误并不奇怪。尤其对于一些年轻的教师而言更是如此，关键在于教师如何随机应变，如何正确地对待和处理这种失误。

在一次考试总结会上，面对学生只重视中难度问题，而忽略基础题的状况，洪老师脱口而出：“同学们，我们 1 + 1 = 2 都做不对，还追求什么 10 + 10 = 100 呢?”同学们哄堂大笑。“老师，10 + 10 = 20!”“对！大家就犯了这样简单的逻辑错误!”洪老师斩钉截铁地说。实际上，洪老师的面颊已经绯红，只不过被多年的经验掩盖的严严实实。

在课后找同学谈话分析试卷时，洪老师依然选用那句错话来教育学生要重视基础知识。洪老师为那次的机智的反应而骄傲许久。如果当时课堂上承认了失误，课堂定会一片混乱。看来在课堂上，运用合适教学机智技能也能恰当地弥补失误。

在公开课课堂教学中，教师在处理自身失误时要注意以下几个问题：

第一，要学会自我监督和及时从学生身上得到反馈，发现失误，及时纠正，以避免小错变成大错，或是一错到底；

第二，要实事求是，知错就改。错了就是错了，没有什么丢脸的，不要为了掩饰尴尬而拼命辩驳；

第三，要反应敏捷，不要手忙脚乱，应迅速思考对策，选择最巧妙的办法纠正；

第四，要考虑成熟，慎重纠错，避免一个问题造成两次错误，甚至为失误辩护；

第五，在发现及时的情况下，应做到不动声色，对有些失误力争在不转移学生注意力的前提下及时纠正；

第六，要善于动脑，善于变消极因素为积极因素，把失误变成教育学生的机会。

二、处理学生失当行为的机智

学生的失当行为是指学生有意无意地干扰课堂秩序、违反课堂纪律的行为，其中以学生有意的“恶作剧”最难处理。学生的思想活跃，而且有些学生还爱耍小聪明，在课堂上制造恶作剧的现象是屡见不鲜的。所以，掌握处理恶作剧的机智对教师来说是十分重要的。

例如：

侯老师进教室上课，一推门，掉下来一把扫帚砸在头上。怎么办？

侯老师是这样处理的：他不慌不忙地弯腰拾起扫帚，幽默地说：“看来我工作中的问题不少，连不会说话的扫帚也走上门框，向我表示不满了。同学们，你们天天和我相处，对我有更多的了解，想必有很多话要说，希望课后能给我提提意见，帮助我改进工作吧！”

该教师采用“明断暗收，为我所用”的方法，镇定、宽容、迅速果断地采取相应的对策化解了矛盾，摆脱了窘境，这就是教师教学机智的成功运用。

三、处理学生意外回答的机智

教师在正常的课堂教学中，在讲解、提问、组织讨论时，会碰到一些难度很大的问题，而且学生的思维活跃，也会提出一些教师意想不到的问题，从而加大了课堂教学的难度。这就要求教师不仅要具有良好的知识修养，而且还要有灵活运用知识、机智处理问题和圆满组织课堂教学的能力，以免因疑难问题的出现而干扰教学的正常进行。

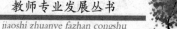

如李老师在讲《木兰辞》时，学生提出了疑问，认为诗中的“同行十二年，不知木兰是女郎”一句不可信。理由是木兰的一双小脚晚上洗脚时会露出来。李老师解释说：“北朝的妇女不裹脚。”可学生又问：“那妇女是什么时候开始裹脚的呢？”这下可把教师给问住了。

于是，该教师抱歉地说：“这个题我也说不准，等课后查资料告诉你吧。”课后，该教师查阅了不少资料，终于弄清了妇女裹脚是从南唐李后主开始的。后来上课时，该教师给学生又作了圆满答复。

在这个教例中，老师没有回避学生的问题，而是实事求是地表达了自己的看法，很快把学生的思维引入到正常的教学环节中来，而且在课后又积极地帮助学生解决疑难问题，保护了学生的好奇心。

又如，教学《揠苗助长》一课时，在讨论寓意时，

一学生提出“真有这么笨的农夫吗”，这是唐老师事先没有预料到的问题。唐老师笑了笑说：“同学们都有自己的见解，这很好！至于寓言，由于是古代流传下来的，现在很难引证真假，但可以肯定的是，作者之所以写这则寓言，就是想让我们懂得一个道理，是什么道理呢？下面让我们以小组为单位讨论一下。”

唐老师的这种应急处理的方法，也是教学机智的体现。处理学生意外回答的机智，要求教师：

1. 要做到实事求是，不弄虚作假，不能不懂装懂，更不能胡乱回答欺骗学生；

2. 要寻找最恰当的方式，用最短的时间把学生的思路引向疑难问题的“结局”，以尽快导入正常教学；

3. 要注意保护学生的好奇心，不能压制学生的思维，要鼓励学生提出问题；

4. 要及时地兑现所许的诺言，如果课上说了课后要解决某问题，那就一定要认真守时地兑现解决。

四、处理教学环境突变的机智

教学环境突变是指外来干涉事件的发生导致课堂教学环境的不协调，它不是由学生引起的，而是由外界某些偶然因素的干扰而引起的事件，对于这类事件的处理同样需要运用教学机智。

例如：

在一节《联想与想象》的公开课上，正当同学们进行思维训练，由桥你能想象得到什么时，突然停电。多媒体教学设备瘫痪，学生期待地看着老师，听课教师同情地望着讲课老师。“同学们，想象是从无到有。今天，电力公司为了锻炼我们的思维，为了考验我们的能力，特意帮助我们取消了多媒体教学设备这一‘有’的束缚，那么我们就开动脑筋，真正地从无到有。由桥你能想象到什么？”学生以及教师报以热烈的掌声。那堂公开课学生表现得非常积极，思维异常活跃，也赢得了听课教师的认可。

在课堂教学中，时常有意想不到的情况发生。作为教师的我们处于积极的状态，用语言、用眼睛、用动作，甚至有时用沉默都能达到意想不到的效果。

通过这个课堂教学偶发事件案例，应该对“偶发事件”进行深入的反思：

一、教师在课堂上要关注学生

新的课程理念已注入我们教师的心灵，“以学生发展为本”、“建立民主化的课堂”不再只是一句口号，已逐步变成教师课堂教学的自觉行为。教师在课堂上应关注什么？是知识能力、方法过程还是情感态度价值观？这往往是教师的价值取向。而教师的价值取向又往往体现在一些无法预见的、实践性的甚至从未见过的教学情景中。教师在课堂上的目光无疑要关注学生。课堂本来就是学生的课堂，教师只是学生学习的引导者、组织者、参与者和促进者。教师如果只是按照自己的教学设计按部就班地进行教育教学，而忽视学生的存在与感受。显然是与“以学生发展为本”相悖的。

二、教师要机智处理课堂教学偶发事件

如果课堂偶发事件处理得当，教学秩序不但得以继续顺利进行，而且可能成为课堂教学的又一个亮点；如果处理不当，将会影响教学进行。而正确处理偶发事件，最能表现出教师高度的教育机智。在教育工作中我们教师随时需要这种教育机智。教师在处理偶发事件过程中表现出来的高度的理智感、责任感和巧妙的教育艺术，能使学生感受到教师炽热的心肠和闪亮的智慧，感受到教师的人格之美。这一切能转化为一种灵魂的感化力量，增强学生对教师的人格信赖。从这一意义上说，处理偶发事件，是教师发挥聪明才智，增长才干，树立威信，增强教育能力，塑造自我形象的良好机会。

三、处理偶发事件要随机应变

偶发事件的处理办法有很多，有些时候，一句话、一个巧妙的动作也能够很好地化险为夷。不管什么偶发事件的处理，我们一定要尽量结合课堂教学内容，做适当的引导处理。课堂上只要我们根据不同的情况，因势利导，见机行事，采取相应的应变方法，就一定能够将消极因素化成积极因素，并取得良好的教学效果。

四、学生的课堂注意力受控于教师的教学艺术

偶发事件往往会分散学生原有的注意力，如果我们老师不加以正确的引导，可能会影响到课堂教学的效果。相反，如果我们引导恰当，偶发事件不但可以成为我们课堂教学的有效资源，还可以为我们的课堂教学增添

精彩。偶发事件的处理是课堂教学的一种艺术，这种教学艺术直接影响到学生的课堂学习与教师的课堂教学效益，精彩往往在“意外”中绽放。

五、借助偶发事件对学生进行德育渗透

教育要抓住每一个机会对学生进行德育渗透。课堂教学偶发事件经常发生在一些平时表现不好的学生身上，所以我们应该抓住时机，结合教学内容在处理偶发事件时适时地渗透德育，这正如苏霍姆林斯基所说：“教育，这首先是关怀备至地、深思熟虑地、小心翼翼地触及年轻的心灵。在这里，谁更有细致和耐心，谁就能获得成功。”所以有时偶发事件是课堂教学的一种宝贵资源，也是对学生进行德育渗透的又一机会。

六、偶发事件可以成为有效的课堂教学资源

将偶发事件转化为一种有效的课堂教学资源，很好地结合课堂教学内容，加以充分利用，并且达到了意想不到的教学效果，成为课堂教学的亮点。可谓是“精彩，往往在‘意外’中绽放”。

教学活动是活生生的，有时常常会碰到一些“干扰”正常教学进程的偶发事件，这需要教师具备优秀的教育机智和良好的应变能力，具备精湛的教学艺术和强烈的创新精神，变不利为有利，化被动为主动，将偶发事件融入到教学活动中来，化解成为课堂教学的新的教育契机，让课堂教学更生动，更精彩，虽“偶发”而“自然”。即便是那些恶性的、消极的偶发事件，只要教师冷静沉着、善于引导，同样可以成为课堂教学的新亮点。巧妙、艺术地处理偶发事件，反映了教师的教育创新，这也是新课改对教师提出的挑战与要求。愿我们教师在教学偶发事件处理、教学创新中逐步成长。

第三节　让环节过渡行云流水

听了名师的公开课，会发现他们的课堂活动设计特别好，一节好课应该像流水一般顺畅，不会让人感觉到哪个环节是断裂的，用一个很简单的问题，导入一下，上一个环节就会很自然地进入下一个环节。教师的课堂连接语，要起到水到渠成的作用。好的连接语能让学生感觉到教学环节环环相扣，过渡自然，不生硬，不呆板，充分显示教师的主导作用。知识内容的过渡都衔接的特别自然，不会给观课者或者是学生带来一点点生硬的感觉，让人在清新流畅之中学到知识的精华。这就是对课堂中环节给予足够重视的结果。

苏霍姆林斯基指出："教师的语言修养在极大程度上决定着学生在课堂中脑力劳动的效率。"因此，教师的语言表达方式和质量将直接影响到学生对知识的接受。而课堂连接语就是一个很重要的工具，掌握好这个工具，对于利用课堂来传播知识、教育学生的教师来说，无疑是十分重要的。

公开课的过程中要注意环节的设置。

一堂完整的公开课往往由导入、教授、操练、能力拓展几个基本环节构成。

下面，就我们总结出来的经验，来探讨一下每个环节需要注意的地方。

上课就是要带领学生从生活走进课堂知识，再从课堂知识走向生活中的运用。所以在导入环节，可以从学生的日常生活、喜闻乐见的事物、近期出现的大事等着手，过渡到预授内容。好的导入可以缩近与学生间的距离，增加你的亲和力，同时可以利用问题摸清学生的基础。注意导入的设置要巧妙、自然、简洁、不要花太多时间，一般两三分钟即可。一次公开课中，一位老师觉得自己的导入设计得很精彩，学生参与得很积极，结果忘记了时间，拖了10分钟才进入新课。这样就无法充分地完成新授内容，影响了整个课堂的效果。

在新授课环节中，要注意遵循学生的认知规律，要通过各种铺设台阶，各种手段，让学生真正扎实地掌握知识，这样，练习的效果才会好，能力拓展才可能练出满意的效果。在新授时，介绍知识一定要科学、透彻、易懂，一切围绕着学生的“充分理解”而进行活动。这时，不要怕学生理解时出错，或者把学生的错误不加分析地一语带过。在自然的课堂当中，学生出错是最正常不过的现象了，关键是你怎样把他们引导到正确的思路上来。

在操练过程中，要注意练习密度要大，学生练习的面要广，练习的深度和广度要到位。练习的设置很有讲究，从易到难，各种提醒参差交叉，照顾到各类学生，要让各种层次的学生都能发现自己能够回答的题目。

在能力拓展过程中，活动的设置一定要以本节课重点内容为基础。不要为了拓展而漫无边际的标新立异，空洞或者与本节课联系不大的内容，学生是很难操作的。要学会取舍，敢于忍痛割爱，把很精彩却不切合实际的活动取消掉。

品味以上几个环节，在平时的课堂实践中再予以注意，假以时日，教师们就会掌握好根据课堂的节奏，把课堂中的几个环节细细地链接在一起。

第四节　花絮让公开课锦上添花

公开课是检阅每位教师自身教学技能和教学的基本功，也验证着教师们的教学质量和教学品德，同时也是展现了各教师的自我风采。上好一堂公开课不是那么简单的课题。公开课要费很多的心神，不但要体现出创新教学，还得让学生展现平时的基本功底。不仅有“花絮”穿插还得有内容可读。仅有内容可读还不够，要完全吃透分析透一堂课中的重难点所在。

花絮一：

今天的课前三分钟演讲，一位男同学讲了这样一个故事：有一匹马和一头驴同在一个磨坊拉磨。唐玄奘到西天取经要选一个脚力，就选中了马。十几年后，马跟随玄奘取经回来，又来到磨坊。驴对马说：“你干出了惊天动地的大事，而我还在这里转悠。”马说：“其实你和我走的路程是一样的，只不过你是围着一个点转圈。”这个故事告诉我们：人和人差别并不大，关键看你有没有远大的目标。

这位同学的演讲得到了阵阵掌声。这位同学给课堂带来的这个小花絮是一个蕴含哲理的小故事，演讲生动，成功地点燃了课堂的气氛。大家还从这个故事受到了教益。

花絮二：

今天这节课讲陶渊明的《归去来兮辞》。我是这样说的："同学们有没有看过电视剧《神雕侠侣》?"一听说《神雕侠侣》，所有的同学都来了劲："看过。""谁知道片尾主题曲叫什么?"我又问。"《归去来》"有同学回答到。"那么谁会唱这首歌呢?"一听说让唱歌，同学们七嘴八舌地议论开了。一位男同学站起来说："我会，但歌词记不全。"马上又有另一位男同学说："我有歌词，给你，好好唱。"一阵笑声过后，这位男同学开始唱。唱的很好，我看大家听得很入迷，就说："再唱一遍好不好?""好!"同学们欢呼起来。这时一位女同学站起来，说两个人一起唱。同学们再次欢呼鼓掌。

两位同学唱得都很好，课堂气氛空前活跃，情绪空前高涨。我也被感染了。等掌声平息下来，开始讲课：在金庸的武侠世界里，杨过和小龙女厌倦了江湖的恩怨情仇，血雨腥风后，甘愿淡泊尘世的繁华，抛弃世俗的纷纷扰扰，退隐山林，去寻找一个自由自在的世外桃源。文学是这样，生活也是这样。1600年前，我国最伟大的田园诗人陶渊明厌倦了黑暗的官场，不满污浊的世俗社会，毅然拂袖而去，躬耕田园，今天就让我们一起来学习他的《归去来兮辞》。接着又给大家讲了陶渊明不为五斗米折腰的故事，这种精神也成了中国士大夫精神世界的归宿。许多士大夫在仕途上失意以后，或厌倦了官场的时候，往往回归到陶渊明，从他身上寻找新的人生价值，并借以安慰自己。

像这种课堂花絮的插入，同学们的兴趣提高了，这节课的效果也极好。看来，要想效果好，课堂的多样化是一条途径。

为了让一堂课显得完美，为了让这堂课中的重难点容易得到解决并掌握，在不离开主题的同时增加教师的丰富表情、肢体语言的运用、自制的多媒体课件、背景音乐、诗歌解说，或间插游戏互动、自绘的一些精美趣味图片等等。

“花絮”在教学中起着锦上添花的作用，如果说教学思路清晰了，重难点把握了，再加点“花絮”，那么整堂课就显得完美。但重要的是自己每抛出的一个个“花絮”要自己接回，要与下面所讲的内容紧紧相扣，并且是环环相扣，这样才显得课题组合的严密性和条理性。如果“花絮”没有弄好，一个个抛出来，就像一块块石头丢出来样的，不仅把听课的人听闷了，也会把自己和学生的思路砸混。

再者，“花絮”如果没有很好的语言组织其实不要也罢。“花絮”要穿插得合理、贴切，在语言的衬托下应具有用趣味帮助解决难题的功能，或显优美诗意烘托整堂课的意境。但过于牵强或没有度的“花絮”却会完全破坏整堂课的形象。所以说“花絮”的运用是离不开语言导引的。

语言虽然是一种天性，但也更是每位教师应具备的天性，如果没有天性，那么就得努力。只要用心，没有什么事是做不好的，平时多读多讲，多思考，多请教，在上每一堂课前要有充分准备，备好详案细读，细背细论。在教学中积累语言词汇。慢慢改进其缺陷，相信总会有进步的一天，或许当下次的公开课到来时，你就不会眉头紧皱，或许你已热切期待已久了。

第七章　对公开课的反思

反思是教师对教学工作自我矫正、不断提高的过程，它是一种隐性的教育资源。教师必须在一节课后或经历了一个阶段的教学后，对自己的教学行为进行自我反思。它能使我们捕捉教学中的灵感，帮助教师迅速获取反馈信息，找出教学思想及教学程序在具体实施过程中的偏差，从而为调整教学建立可靠的依据，进而不断促进自身的专业成长。

对公开课的反思，就是对整个公开课教学过程的分析，这种分析是以丰富的具体的教学情境为理论和实践结合提供生动的注解，针对教学过程的某一细节，让教师以看得见摸得着的情境为载体展开理性思考。

反思总能使人们更快地从经验中获得营养而为下一次的行动积攒动力。

总之，通过对公开课的反思，我们教师应该认识到自己存在不足的地方，今后要督促自己对自身的教学行为进行及时调整，以期促进自身专业的发展。

第一节　让反思迎来下一个精彩

课程标准是教师教学的行动指南。它对教学目标的确定、教学方法的选择、教学理念的体现等都给予了宏观的指导。但具体到某个学段、某个年段、某个单元、某篇课文的教学就需要教师将宏观的要求具体化，而在教学活动中最难之处就在于如何把这些理念落实在实际教学中去。

“公开课”是对这些宏观要求具体化的较好诠释，它能将教学思想、教学方法等抽象的理论变成看得见摸得着的可操作的教学实践，有利于教师之间对教学方法上的揣摩和交流，通过公开课这个平台能够便于教学理念的消化吸收和借鉴。因此，“公开课”已成为最受教师青睐的教研活动之一。

公开课的开展为具体的教学研究提供了更为广阔的创造空间，所以我们教师对公开课要有一个正确的认识。不要把它仅仅当成是学校领导对自己工作的视察，更应该把它视为自己成长的一个舞台。通过上公开课，实现锻炼自我、提升自我、发展自我、超越自我和完善自我的目标。

所以，教师们在准备或者正在进行一堂公开课时不能处于无我的状态，采用“拿来主义”去用别人的经验去复制自己的锻炼。应该用心去构建属于自己的亮点，在公开课这个检阅的平台上决定哪些方法可以在以后的课堂上借鉴运用，哪些做法需要改进以后才能为我所用，哪些做法是不太合理的，需要以后在教学中加以克服。总之，在公开课后要多问几个为什么？只有这样，才能发挥“公开课”的最佳功效。下面是对公开课实践中进行的一些总结和反思：

一、公开课中师生关系需情感来链接

师生之间的情感是以人为本教学理念的重要体现。师生情感是否融洽，关系到公开课的成败得失。在公开课中，教师运用什么样的方式、方法链接师生之间的情感，关系到教师在学生心目中的地位，关系到学生对教师的接纳、认可和配合程度。心理学研究认为，情感对一个人的行为活动具有增力和减力的动力效能。一个人对某人或某物的情感会迁移到与之有关的他人或他物上去，对巩固或改变一个人行为具有强化效能。在公开课中教师要时刻注意发挥情感的迁移效应，通过教师的一言一行、一颦一笑，让学生真切地感受到老师的真爱，这样学生才会因喜欢教师，进而与教师一同建立一个温馨活跃的课堂氛围。所以，教师们要在平时就和同学们建立一种良好、和谐的师生关系，不要等到公开课已到眼前时临时抱佛脚。

二、公开课中应对教材做的艺术处理

课堂教学过程是学生在教师的带领下感悟、理解、把握教材的过程。学生能否充满兴趣地投入学习活动，学生的参与状态、学习效果如何，很大程度取决于教师对教材的处理。如何安排教学流程，教学流程的安排是否简便实用，符合学生心理接受特点，能否调动学生的学习兴趣；如何选择教学的切入点，教学切入点是否新颖独到，利于点燃学习热情；如何选择识记、理解、运用的训练点，训练点的选择能否做到举一反三、一石三鸟，利于公开课实践能力的形成；教师如何确定处理教学重点，教学重点的确定是否准确，采用怎样的策略引领学生理解把握教学重点，能否站在学生的角度给予深入浅出的点拨和引导；如何解决学习疑点，教学疑点学习是否在教师的启发引导下解决的，是否展现了学生由不会到会的学习过程；如何处理学生必须掌握而力不所及的内容，如必须了解的文本背景、其他专业知识、专业术语、有效资源的插补等教师是如何处理的，是在何时何种问题情境中解决的，解决方式是否恰当适时等等，都体现了教师对教材的艺术处理，是我们对公开课反思的具体问题。

三、公开课中教学目标的达成

开展一堂公开课，明确的教学目标，是至关重要的。有了明确的教学目标，犹如黑夜在茫茫的大海上航行有了导航的明灯。反之，如果没有明确的教学目标，犹如在茫茫的大海上毫无目的遨游，其结果是可想而知的，这样公开课只能变成一个教师的个人秀。因此执教老师确定了怎样的教学目标是开展一堂公开课不可缺少的指标之一。

教学目标的制订可以根据是否有利于能力、情感、方法目标的整体推进；是否明确而具体；能否让每个学生产生一种可为之而为之的心理内驱力，使不同层次的学生都有所得有所获；是否充分体现了公开课的特点，较好地处理了工具性和人文性之间的关系等等。但公开课的教学时间是有限的，在有限时间里要完成特定的学习任务，所以，所选内容就要看是否合理恰当符合教材特点、学生认知特点、课程标准要求了。

四、反思教学方法的运用

可以说，公开课中使用什么样的教学方法，就会产生什么样的教学效果。“教无定法，贵在得法。”是否“得法”理所当然就成为观一节课的重要因素。这里“得法”的内涵可以有以下几个方面：

1. 能否运用灵活的手段去公开课中随时产生的问题。想要完成一个成功的公开课就要正确把握课堂教育的特点，这就要求我们必须用一把钥匙开一把锁。公开课的公开性、很强的实践特点以及课堂教学本身的特点决定了公开课的开展必须重视引领学生从文本内容入手，联系已有的情感体验，读出文本的形，读出文本的神，读出文本的味，读出文本的情；其次应为学生创设轻松自由课堂的场、静思默想品评思考的场、实践运用练习表达的场，从而让学生在课堂中培养感情，揣摩课文内容，吸收积累知识。

2. 能否采用一法为主、多法配合的教学策略。毕竟课堂上学生始终是主角。在学生课堂学习中，能否为学生创设利于自主学习的情境；合作、探究学习内容的确定是否恰当必要，操作是否规范，在课堂中的合作探究学习中教师是否充分发挥了启发、点拨、引导作用，把学习不断引向深入，使合作、探究学习不流于形式，有一定的实效性。

3. 教师的教学方法是否简便实效，便于学生理解和操作，利于提高学习效率，利于在学习实践中掌握学习方法，提高学习能力。

五、培养灵活应变的教学机智

公开课不是一个已经拟定好的按部就班执行预设教案的剧本，它是课堂教学活动中一个不断生成的动态过程。预设固然重要，但只有把预设和生成完美结合的课堂才是真实展现学习过程、最具生命活力的课堂，才是真正体现以学定教、最能调动学习积极性的课堂，才是充分体现学生自身价值、最利于学生自身发展的课堂。

教师是否具有依据学情灵活机智处理教学突发事件的能力就显得非常重要。首先要看教师能否依据学情适时恰当地调整本课时的教学目标，调整后教学目标是否更加符合学生的接受能力，使学困生能消化、中等生有收获、优等生有发展。其次要看教师能否针对学生接受能力、参与状态、思维状态、情绪状态适时恰当地调整教学策略，全面调动学习兴趣，使课堂教学呈现出学生时而琅琅读书，时而低头沉思，时而圈点批画，时而苦思冥想，时而眉开眼笑，时而动笔疾书，时而议论纷纷，时而激情表达的动人场面。再者要看教师对于教学突发事件的处理是否得体恰当适时有效。与教学内容无关的事件是怎么处理的，与教学内容相关的事件又是怎么处理的，面对学生提出的与教学目标、教学重点、教学疑点相关的重要问题，教师能否给予深入浅出、通俗易懂的点拨和引导，最终比较恰当地解决教学中出现的始料不及的问题。

我们对公开课的反思不单单是一次重温，更是一次总结，尤其是对失误、错误的总结。目的是为以后的课堂教学打下基础。

第二节　我们需要真实的公开课

公开课是教师专业成长的助推器，“我们就是在听公开课的过程中成长的，也是在做公开课的过程中成长的”。对于公开课在教师专业成长中的作用，许多教师深有体会，“哪位教师有机会上公开课，他的成长就快一些；哪所学校的教师有机会上公开课，哪所学校教师的成长就快一些”，可以说，如果没有公开课，教师的专业成长是缓慢的。

从公开课的类型上看，不外乎两种，一种是校内的公开课，一种是各级各类的观摩课、赛课或评优课。校内公开课的作用是为大家提供了一个真实的研讨情境，大家互相听课、互相借鉴和研讨，并从中找到课堂教学改革的方向，在这个过程中大家有发现的快乐，也有创造的快乐；各级各类的观摩课与展示课，被赋予代表一所学校或一个地区教学水平的重任，往往是一节公开课会倾注全体教师及相关专业人员的集体智慧。精心雕琢的过程，也是教师与教师之间互相启迪、集中精力学习教育理论、全面反思自己日常教学行为的好机会，从而使自己的课堂教学日益精进，“当教师不辞辛劳地打造公开课的时候，公开课也毫无疑问地打造了教师”。经过公开课的打磨，教师对如何把握教材、如何把握学生、如何设计课堂的每一个环节就会变得十分清晰，上完课以后，也可以从评课老师那里反馈自己的优点与不足，教学智慧在这样的磨砺中渐渐生长。

目前的问题是，教师需要公开课，但教师需要有实效的、真实的、对自己的成长有帮助的公开课，那种表演、作秀的公开课也是老师们强烈反对的。下面是一位教师根据自己亲身体验，谈及目前公开课所面临的“假课”现象：

一，公开课的目的、功能和性质的变质

眼下很多地方都普遍存在着这样一种现象：把教师的公开课开课情况作为评优、评先进、晋级、评教学能手、评学科带头人等活动的必要条件。于是，那些稍微有些能力有些经验的教师迫于这些政策的压力，才攒足了劲头硬着头皮去申报各种各样的公开课、上各种各样的公开课，为了获得良好的评价，就标新立异，花样百出。于是乎公开课就变成了具有极强功利性、政治性的公开课，是已经脱离了公开课应有的学术性和价值的公开课。

二，课堂教学过程的虚假

1. 虚假课堂——彩排后的表演，导致教研环境的失真。

可能是出于教学效果方面的考虑，当下很多公开课，作为开课者往往要花上一个月甚至是更长的时间来筹划准备一节课，课件、教案、教具等一切就绪后，还得让学生事先充分“准备”，并在课堂上反复“演练”、“彩排”，倾听多方意见，再修饰加工，最后才是上课。这样的公开课已经不能说是真正意义上的公开课了，完全成了教师与学生友好合作的“表演”。

本人所在的学校最近恰好有两位教师开了两节县级公开课，我也有幸看到了其中一位教师公开课的准备和上课的过程：备课花了多少时间就不用说了，本人也不得而知，光是做课件一项就请了本校几位课件方面的“专家”忙活了两三天的时间，课件、教案、教具等一切就绪后，便是借其他教师的班级来一遍又一遍的“上课”，而且每次都有同教研组的教师一起听课、评课、改课。就这样一遍又一遍的上，一遍又一遍的改……光是这样的“上课”就上了四次！最后才是真正的上课。另一位教师在上公开课前的一番表白更是深刻地揭露了当下很多公开课的真面目：

"……不用紧张，权当是一次表演好了，过过场而已……"。对于这样费时费力，精雕细刻的公开课，是否具有教学研讨的意义？这样一堂近乎完美的公开课，叫其他的教师从哪里学？学什么？

2. 虚假情境——浪费时间的行为。

现在很多的公开课还透着另一种层面上的虚假：几乎所有的公开课，每节课开始之前总不免要放一段与课题内容有关或者无关的音乐，然后就是一张又一张令人眼花缭乱的幻灯片，一个又一个的思考题，一段又一段的视频……最后总不忘记加上一段音乐作为全堂课的小结。要么就是一个接一个的提问、一次又一次的让学生自己讨论、小组合作……甚至有一位教师在进行一节以社会生活变迁为内容的公开课教学时竟然让学生搞起了不伦不类的服装表演！又如在一次历史与社会教研听课活动中，某教师在上课的过程中要求学生根据所学的内容编演历史剧，但由于本节课所涉及的历史事件本身故事性不强，叙述也不够完整，结果学生活动了很长一段时间后，其表演就像是在背"台词"，毫无历史感，更达不到教学的目的。纵观我们的公开课教学，给人最大的感觉似乎是没有课件就不叫公开课，没有音乐就不是公开课，没有幻灯片也就不是公开课，没有小组合作、小组活动也就不是公开课似的。情景创设"花"、"偏"、"多"、不实际，浪费时间，有的甚至是偏离教学内容和学生的生活实际，更是偏离教学的主题，走进了一条浪费教学资源的死胡同，从而严重影响到教学的进程和效果。

3. 隐性虚假——应当引起我们重视的行为。

前两者的假，一目了然，一眼就可以看出来，但公开课中的另一种假，我们是很难直接看出来的。它存在的面更广，危害性更大。比如报纸上曾报导了福州市某小学"好生"上公开课，"差生"留在教室里面自习的事件。我也能找到一些类似的现象：比如一些老师在上公开课的过程中，在课堂提问时总是有意或无意的提问那些成绩较好的学生，而对那些成绩不好的学生不屑一顾；有些教师在上公开课之前会有意或者无意的向学生透露一些本节课所要提问的问题；有的干脆将问题的答案也悉数交给了学生，以应付课堂上可能出现的“冷场”……凡此种种“假课”将教学过程中真正的问题掩盖起来，对课程改革是有百害而无一利的。

三、课堂评价虚假、僵化

这几年，听了很多公开课、展示课后，我发现了一个普遍的奇怪现象：在课堂上几乎每位教师都是十分的和蔼可亲，对学生的课堂作业都“赞不绝口”。现在的公开课当中，似乎都存在着这样一条潜规则——公开课上不应该说学生的作业不好、表现不好之类的话，甚至不能对学生的想法和做法提出自己的建议；要获得其他听课教师的好评，就必须始终面带微笑，同时永远鼓励学生、永远说“你做的很好!”、“你想的真棒”、“你的想法很有创意!”等。我们的教师们往往都在公开课的课堂上描绘着一个共同的神话课堂、理想课堂。为了这个带有神话色彩的理想课堂，教师带上了微笑的面具，准备好了一大堆赞扬与鼓励学生的话语，学生也统一戴上了“天才”、“神童”的面具。再就是有的课堂，其评价仅仅停留在对结果的正确与否的评价上，而很少引发对结果产生过程及其原因的分析与评价，评价层次肤浅。说到这里，我不禁要问：这种专门为公开课准备的课堂评价方式是否真的能够激发学生的学习兴趣？调动学生的求知欲？在我们一次又一次表演的同时，难道我们就没有发现自己对学生的鼓励与表扬越来越言不由衷，越来越虚伪，学生们对类似的表扬与鼓励也越来越麻木了呢？

教师需要真实的公开课。“今年我们的片区教研有个不错的创意，即针对某一教学内容，以教研组或备课组为单位进行教学设计，提交到整个片区研讨，然后由某个老师综合大家意见再设计，然后进行教学观摩，再由大家进行反思，我觉得这样的公开课更有意义，没有修饰与表演，有的是尝试与反思。”这位老师对这种公开课的赞赏代表了所有教师的心声。

说到公开课的真实，不能回避的是公开课与常规课的区别。由于公开课的特殊性，它比常规课更要求完美是必然的。一位专家认为，一节好的公开课，一是应该能够体现新课程理念，对新课程的推进具有引领和示范作用；二是应该让学生有实实在在的认知收获和或多或少的生命感悟，应是一堂有效的课；三是应该是真实的，能客观反映师生的真实水平和教学的实际情况，让人有真实感、亲近感、亲切感，可看、可学、可用；四是应该具有研究的价值，公开课不仅要成为教师自我反思的对象，同时也要成为教师同行或专家共同讨论的领域，从而对促进教学改革和教师专业成长起到实质性的作用。“常规课好比家常菜，一说到要上公开课，就像家里要来客人了，自然要精心准备一番。时常听到客人说：不必那么麻烦，你们平时吃什么，我们就吃什么吧！话虽这样说，可是我们仍然免不了要准备几个拿手好菜！也许，这就是常规课和公开课的区别吧。”有老师这样比喻。正因为公开课的特殊，所以把公开课打造得更精细一些，体现出理想课堂的色彩是应该的，但这种理想并不是作秀与表演的理由。

要求公开课的真实并不排斥集体备课，达到这种具有理想闪光的课堂，光靠教师个体是做不到的，所以公开课往往是集体智慧的结晶。但是如果备课过程变成了某一权威将自己的意志强加给授课教师，不去考虑授课教师自己的想法，就容易导致教师上课“卖教案”的情况，没有了授课教师自己，那教师就只能按照事先设计的过程进行表演。

听公开课听什么？“一是听设计，二是听生成”。那些事先演练好的、每一个环节都天衣无缝的课，并不被教师买账。教师要求的真实课堂，就是具有真实事件的课堂，而不是事先排练好的课堂。“要听他们的思想，他们的灵活的教学机智和课堂应变的能力”；“我听公开课会带着自己的想法去听，比如他是如何设计课堂的，怎样设置问题的，学生会怎么表现，等等。我有一些自己的观察点，从这些点上找到对自己的启发。”设计的精心与完美，课堂上真实的动态生成以及教师应对课堂事件的能力，才是教师们最想从公开课上得到启示的地方。

在保护公开课的真实性、有效性方面，有一些制度与管理上的建设要跟上，以下就是几点对公开课的管理原则和对策：

1. 制度化原则。要把公开课纳入制度化管理，对公开课类型、时间安排、评价机构、评定方法和标准、反馈方式、奖惩办法等都应做出具体的规定，确保公开课能经常性地展开。

2. 发展性原则。公开课的目的在于提高教师素质和教学质量，公开教学也只是一种促进手段，它本身不是目的。所以，公开教学过程和结果评价都要服从发展目的，不应从奖惩老师的角度去管理公开课。

3. 及时性原则。对公开课的评价应该及时，及时反馈评价的结果。如果反馈滞后，那么在教学过程中出现的一些具体问题，就难以结合具体的教学情景进行分析，易使教学评价流于空洞的理论分析，难以以理服人，收不到应有的评价效果。

4. 务实性原则。教学一定要讲求实际效果，要有明确清晰的教学目的，求真、求实是一切教学的内在要求。公开课作为一种颇具影响力的教学实践活动，切忌追求表面现象。

在公开课的管理对策上，需要注意如下几方面：

1. 分类管理。根据公开课的目的，将公开课划分为不同的类型，同一公开课又可分出高低不同的等级，不同类型、不同等级的公开课采用不同的评价标准。评价方法可综合采用百分制、等级制、评语制、前后比较评价等不同方法。

2. 学生参与评价。公开课的评价主体可以包括教学主管人员、教师代表、承担公开教学任务的教师本人、聘请的外校专家等，笔者认为还应包括学生参加。因为学生是教学的主体，学生对教师的教学实际效果比任何人都有发言权。忽视学生存在的教学评价，绝不是科学的教学评价。

3. 课前、课中、课后评价相结合，注重课后实效追踪。学校宜成立公开课评价小组及监督机构，由他们负责对公开课进行课前评价，了解学生的原有水平，为正式评课做好准备；在课中要有针对性地对教学过程做出全面的记录和分析；课后要通过各种方式如提问、测试、座谈、问卷等进行实效追踪，在此基础上对公开教学做出全面、公正的评价，并及时反馈评价结果。

4. 奖惩适度，鼓励创新，允许失败。制定与公开课相联系的奖惩制度是必要的，也是有益的。但是，奖惩必须适度，过多地依赖奖惩措施，既增加了教师承担公开教学的心理压力，也挫伤了教师投身教学改革的积极性。现在很多教学专家都提倡“留白教学”，鼓励教师不要过分依赖课本和教学参考书，在课堂教学中应大胆尝试，勇于创新，给自己和学生多留一点创造想象和创造思维的空间。即使一种新的教学尝试被归为“失败”，但这种“失败”比因循守旧的教学更值得称赞。

此外，加强师资建设，增进教师队伍的团结，培植精诚合作的意识，弘扬师德师风，合理安排公开课的时间，也是行之有效的科学管理公开课的措施。总之，只有坚持正确的指导原则，采取科学的管理对策，才能从根本上保证中小学公开课沿着正确的轨道向前发展。

第三节　落幕，一切尽在回味中

舞台落幕了，我们在脑海重温的时候，你更多的会想到什么？是那片刻的荣耀还是点点的误差。作为一名优秀的教师，应该去更为关注、总结一下上好一堂公开课所存在的误区。我们只有辨别出这些误区的形态，才能更好地避免它的再次出现。在落幕中，不但要有回味还要有总结和反思。

与常规教学相比，公开课是一个教学“特例”，是与师生熟悉的常规课完全不同的另类场景。由于听课者充当听众、欣赏者、督导者、评判者的角色，难免让讲台上的教师走出教学之外，充分考虑听课人的存在，以及对自己教学的话语权。根据对方的喜好和标准，改变和夸饰教学方式，以至出现一些偏离教学根本要求的表演行为和形式主义做法。这样的公开课不免走进了误区，使人不禁要问：公开课到底怎么了？是什么原因让公开课如此尴尬？

误区一：目标不明确

公开课的目的是什么？有些学校、老师对公开课目的不明确，甚至是以一学期有多少教师上了多少公开课为工作成绩，课后也不认真组织评议，整个活动缺乏理论指导，教者也不知道上公开课要研究什么问题、解决什么问题，听课者往往不知道此次观摩活动的目的，也不知道施教者的教学意图和教学思路。

这样的公开课是上了，但是研究教学，切磋教艺的目的没有达到。所以这种为了公开课而公开课的做法没有什么实际意义。

误区二：背离教材体系

公开课的内容是什么？执教者有的是为了扬长避短，有的是为了挑选“容易”的课文有“戏”可唱，往往在确定公开课的内容时，随意挑选课文。于是乎，原本是后半学期教的课文，挪到了前半学期。这样做表面看起来无关紧要，其实则大不然。因为教材在基本训练的编排上是循序渐进的，训练必须拾级而上。如果提前，那么该篇课文应该落实的训练点，因学生还未训练过而不能落实，这样执教者不得不改变该课文的重点和难点，导致训练不到位。这样的公开课不但起不到其应有的作用，而且使听课者产生一种错觉，以为那课文应该如此上的，出现了教学导向上的“失误”。

误区三：滥用多媒体成风

公开课的形式上，除了课外教学外，多媒体教学也比较受老师们的欢迎。多媒体教学的确优点多多，形象、生动，充满趣味。教师们都想利用多媒体教学的优势来给自己的公开课增色，以至于有些没有必要利用多媒体的公开课也强加使用，效果是学生确实常为眼花缭乱的课件场景所陶醉，对重要知识点却记忆得少之又少。

多媒体可以使用，也应当使用，但贵在用得“精”、“当”、“妙”。在课堂教学中应用多媒体，需要把握最佳时机，掌握适当的“量”与“度”。对那些远离学生实际，而必须让学生掌握的知识点，需要运用多媒体；对那些逻辑思维强、较为抽象的知识，学生难以想象、难以建立起概念的知识点，需要运用多媒体；而对那些只需要黑板、粉笔就能解决的问题，没必要都用多媒体。

误区四：课堂缺乏真实性

我们之前也提到了，有人指责当前很多公开课就好比是一出演练精当的好戏。编剧、导演、演员齐上阵，教师当仁不让充当主角，根据教师的安排，学生或扮演配角或充当道具。课堂上教师镇定自如、滔滔不绝。学生发言踊跃、妙答巧问。课上的实践活动，课前已反复演练。观摩者看到的是行云流水般貌似非常成功的教学，但只要稍加留意就会发现，学生是在按照标准答案“背书”，教学的所谓“流畅”不过是“充分准备”的结果，教师和学生只是在照本宣科地“背台词”，“走过场”。就连课堂讨论也只是形式上的，学生没有得到真正意义上的提升。这样的课堂根本谈不上互动、生成和情感沟通，造假只会对学生的诚信教育起负面作用。

如若这样，试想一堂光鲜的公开课后都耗费了大量的人力和物力。从备课、构思到组材、做课件，短则一星期，长则一个月，甚至更久。而与此同时，为了开好一堂公开课，学生也要跟着充分准备，精心预习，搜集大量的资料，客观上使学习时间的合理分配与常态的学习情况不符。既然教、学两方面都不能持之以恒地贯彻这种模式与精神，那这样的公开课就不仅含有作秀的成分，还存在一定的消极因素。先不提有些老师事先将思路，甚至将答案告诉学生，光这堂与平时教法不同甚至完全不同的公开课就可能在学生的心底留下一定的阴影。尽管他们也在极力配合老师上演着这出气氛热烈的“好课”，但是有可能他们打心眼里瞧不起作秀的老师，甚至这样的课还会带给他们可以虚假对待生活与社会的心理暗示。教育学生“追求什么”是教育的一个重要任务，而“千教万教，教人求真”的口号，也明确了教师既要传授真知，更要教人求真的责任。只有教师自身是一个脚踏实地的真人，才能成为学生“千学万学，学做真人”的榜样和楷模。

误区五：对学生主体地位的忽视

我们一提到公开课，会很容易想到教师的公开课上，学生往往容易被忽视。无论是上课教师还是听课教师，都很少真正关注学生及其反应。上课教师关注的是如何呈现自己的教学内容，如何把握教学进程，如何使课堂跌宕起伏、异彩纷呈。教师课前准备异常充分，以至于学生在课堂上的种种可能反应已尽在教师的掌握之中，如何“艺术地”应对学生的反应，教师也早已胸有成竹。而听课教师关注的是执教教师对教学内容的处理，环节的安排，语言的运用，以及其他一些技术技巧方面的问题。即使关注学生，也大多数是通过观察学生的反应来验证上课教师的处理是否得当。

而日常教学中，教师必须关注学生，关注每一个学生的发展，努力开发每一个学生的潜能，是教师义不容辞的责任。与日常教学相比，公开课

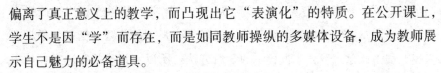

偏离了真正意义上的教学，而凸现出它“表演化”的特质。在公开课上，学生不是因“学”而存在，而是如同教师操纵的多媒体设备，成为教师展示自己魅力的必备道具。

公开课既然是“课”，就必然有“课”的共同特征。教师一旦把“课”演化成展示和表演，教学便成了“目中无人”的教学，学生不再是具体的有个性的人、有生命的个体，而是教师教学场景中的一个道具。所以，要让公开课实现它真正的意义就要把课堂还给学生，使课堂焕发生命的气息；把班级还给学生，让班级充满成长的气息；把创造还给教师，让教育成为充满智慧的事业。

误区六：过于追求完美的程式化倾向

公开课与日常教学的最大不同，表现为它似乎能将“一切尽在掌握”之中。教师不会去处理与教学无关的事情，全身心投入教学，态度友好而积极；学生很少有不认真听讲的，坐的端正，思考积极，回答问题时声音洪亮；教学进程清晰有序，教学时间安排恰到好处，几乎是完美地体现教学的基本特征。日常教学中未曾渗透的教学观念也在公开课上被凸现出来。

为什么公开课会超越于日常教学表现出这种“完美”倾向呢？原因不外乎教师课前异常充分的准备。任何一堂公开课，教师都会投入比日常教学多得多的精力，一节课分为几个环节、内容如何处理、重点如何突出、组织何种活动、设计怎样的课堂练习，甚至每一个环节可能用几分钟都要计算好。在最终向大家展示公开课之前，执教教师至少要经过几次反复，不仅修改教案，而且要实实在在的上课。多次演练，诸熟于胸。到了正式上课时，把演练好的程序再现于“公开”的课堂上。这时，课堂教学就像计算机输出规定程序一样，是教材和教案的展开过程，这种指令性的课程范式将师生双方封闭和束缚在了狭窄的课程流水线上，甚至连教学终端的结果也是精心策划预设好了的。由此可见，日常教学是生成的，而很多公开课是预设的。

误区七：重“量”轻“质”

很多评课者重点关注的往往是公开课是否达到了全部教学目标，是否讲清了全部内容，致使执教者为了达到评课者关注的目的而压缩学生应有的活动时间，使教学容量大、节奏快，每个教学点都浮光掠影，蜻蜓点水。其实课堂教学的关键是看其能否激发学生强烈的非智力活动，如学习兴趣、动力、意志等，掌握科学的学习方法。所以，正确的教法是：放手让学生活动，如时间不够，只完成重点内容即可，不宜面面俱到。

误区八：过于频繁的名人事例列举

很多公开课的执教者，为了使其公开课生动。引用事例都特别轰动、特别有影响力。这种做法，并没有考虑学生的生活经历。其实，那些名人故事，尤其是轰动的事例未必就能引起学生共鸣。以学生身边的故事来说明课本上的道理，往往比那些伟人的故事更能触动人的心灵，更能达到为他们树立榜样的目的。

一堂真正的好课，应该是走进学生内心世界的课，应该是与学生生活实际贴近的课。只有认真分析，了解学生的生活实际，才能让课堂真正贴近学生。只有真正贴近学生的内容，才是最有价值的内容。

误区九：执教者的机智性

在很多公开课的课堂上，本来有学生提出了很有思维碰撞的问题，但授课老师怕影响进度，怕不能按时完成教学计划，对那些问题，或装作没听见，或“课后单独解答”给忽视过去。表面看，似乎授课老师很有处理突发事件的能力，但实际上这是一种错误的做法，说明授课教师缺乏培养学生创新精神的机智。

真正的教学任务是培养和保护学生的求知欲望，并把这种求知欲望引到实践教学目标的活动中。教学的终极目标应该是培养学生的创新精神和实践能力。教学水平高的教师，就是善于点燃学生思维的火花，而不是窒息学生的创新意识。

发现、认识到错误，才能使人快速的成长。公开课虽然结束了，但并不代表教育事业的终止，反而是有一次新的启程。不要让过往的实践付之东流却没有留下一丝痕迹，我们要努力争取在其中得到更多的教育以求为未来打下更坚实的基础。

最后，我们再来总结回顾一下，看看上好一堂公开课需要注意哪些地方：

一、在教学过程中要注意细节，以学生为本位。

无论你讲什么，无论你对谁讲，都涉及到你怎么讲——以何种方式，运用何种手段，如何在有限的时间内把握节奏，运用何种语气，使怎样的眼神，用什么样的渠道让学生接受你，跟着你思考，跟着你活动。从这个角度来说，公开课是技巧之课与细节之课。

当你上公开课的时候，就意味着你将在陌生人前对熟悉的学生讲授；更有可能的是，你不得不面对陌生的学生和陌生的听众授课。所以课堂是通过交流，化陌生为熟悉的过程。一旦听课者不自觉地被课堂吸引，并自觉地完成身份的转换（旁观者、评价者、检查者、监督者→学习者），心甘情愿地把自己当作在场的一个学生，渴望加入思考甚至有举手回答的冲动，那么，公开课就成功了。

所以，你的方法，你的环节设计，你的问题，都应该从学生的角度出发，每个环节之间的过渡，环节中细节的处理，问题的预设，问题的生成，突发问题的处理，对于学生的回答的处理，这些都值得我们琢磨。事实上，突发事件或者学生回答中出现的问题的处理是考察我们教师教学智慧的一个重要时刻，非常容易成为课堂的亮点，很容易引起对文本的重点知识的探讨。在上公开课之前，你一定要明白本节课的课型是什么，有什么特色，自己擅长什么，准备用什么样的方式来构建自己和学生的对话，让学生最快地融入，最积极地参与，对于学生的回答做最充分的预设，如果出现突发事件，自己怎么处理等等。

课堂的流程，不应该像人工运河那样，风平浪静、按部就班、循规蹈矩地前行，而应该像一条山间小溪，大方向是一定的，但在过程当中是曲折反复的，能够听得见教师和学生对话闪现出来的火花。要学会因势利导，学会给学生铺垫，做任何深一层练习之前都要给他们一定的铺垫，让他们有迹可循，有心理和知识上的准备。如果你发现预设的问题太难，一定要做即时的调整。因为提问的目的是使同学们能够在原有的基础上得到提高，而提高是建立在听得懂，积极参与的基础上的。

二、公开课要有自我的个性融入。

公开课都有准备的过程，除了教师本身的努力，还有学校的领导、教研员参与备课。所以，公开课往往是集体智慧的结晶。但是，也有些教师在这个过程中会“迷失自我”，完全按照“导演”的意图去上课，却不知为什么要这样做，更不用说敢于和“导演们”平起平坐地去探讨。这往往会导致公开教学过程中出现了预期之外的情况，教师就慌了手脚，不知所措。我们都有这种经验，从自己心里发出的东西，适合自己的模式，自己上起来得心应手，在课堂上才能如鱼得水，游刃有余。而采用自己不熟悉或者不适合自己的方式，就像穿了别人的鞋子走路，一味地模仿别人，上课自然就很生硬别扭了。所以在听取和综合大家意见的同时，一定要加进去自己的思考，把一些环节修改得比较适合自己的风格，那样才会上的出彩自然，让人耳目一新。

三、不要盲目地追求气氛和形式。

正如国画当中经常出现一些飞白，那些笔断意连的飞白留给看者无尽的思考，课堂也需要一些静悄悄的精彩。千万不要盲目地追求热闹，追求时髦的形式。比如，在提问的时候，不要走形式，问过就让学生回答。一定要给学生留下充分的思考时间，让他们有深刻思考的过程。还有，在提问的时候，要先提问，再请某个学生回答，千万不要说：某某某，请你来回答下面的问题。这样，其他学生的思维有效度会明显降低。

四、慎用多媒体的辅助教学。

在一些知识点难于突破的地方，用多媒体辅助教学，教学效果肯定勿庸置疑，但是违背学生的认知发展规律的过度使用，易分散学生的注意力，也难以产生良好效果。要注意的地方：①用多媒体上课时，一定要注意，自己不能被多媒体牵住，也要注意和学生的交流，也要经常深入学生，走进学生。不要让媒体割断自己的亲和力。②敢于取舍。我们上课的时候总觉得用了多媒体，程序就被固定了，有时上的不顺，比如，学生在某个环节有问题时也不敢停下来，有过程序的感觉。如有一次一位老师媒体里面做了很多环节，30 张左右的幻灯片，他生怕自己上不完，每个环节急匆匆的过了一遍，给人的感觉似乎他在展示幻灯片，而不是在上课。在遇到这种情况时，一定要以学生为本位，学生能够掌握多少，就上多少，如果时间紧急，把不是非常重要的幻灯片跳过去。③所作的幻灯片，用的影音文件，必须和主题有关，不要为了热闹而作一些不实际的东西。每一张幻灯片都要做到充分利用。④板书。无论是否用多媒体，都要注意板书。这是一个教师很多基本功的体现。从板书上，能看出你重点是否突出，条理是否清晰，概念是否科学，书写是否规范等等。一般情况下，在公开课中，板书都是事先精心设计好的。比如怎样表达更加精炼，用什么颜色使重点突出，怎样做到更加美观。

五、用平常心对待它，用精细心去准备它。

无论是上公开课，还是去赛课，都要有一种平常心。因为过弱或者过强的动机都会影响上课的效果。

如果你要到别的地方去上课，就要做好以下准备：①最好带自己的电脑。因为那里的电脑系统不一定和你的匹配，字库等等可能和你的不一样，这样会引起一些乱码出现。②U 盘。如果你的电脑和那里的输入输出系统不匹配，你只能用 U 盘把内容传到他们的电脑上，用他们的电脑操作。一定要试一试影音文件等等是否正常。③电子邮件。若上面的方法都有问题，你可以把课件传到自己的邮件里，到时候用他们的电脑接收一下。④如果那几种方法都不能用，一定不能够忙乱。要做好这样的准备：如果没有课件，我应该用什么样的方式上好这一节课呢？镇定一下，理清传统方式下本堂课的授课思路，从容上课，也能收到很好的效果，同时也会赢得同行们的赞许。

选好方式，精设教具，引导学生循序渐进领悟内容，让教法服务于自己。这样，你就可以以教材和教法为载体，将自己对教材的感悟与理解传递给听课者。

以学生为本，吃透教材，使教材烂熟于心，你就可以驾轻就熟，让教材服务于自己，就会带着一颗平常心，上好一堂公开课。

其实我们可以做到让自己更真实、坦然、淡定、从容一些，在我们实施教育教学的过程中，与其说我们是学生精神生命的创造者，还不如说是自身精神生命的创造者，我们在成就他人的时候也在成就自己，我们不只是观望学生的成长，而是永远和他们共同成长！课堂应是生命的家园和乐土，是让生命充盈着灵气、智慧、活力和情感的地方！但愿我们在纯净的校园热土上为学生树立榜样，做真实的自己，活得真实一些，用真诚与灵魂和心灵对话。赋予课堂坚强、活泼、乐观、积极的生命力，让课堂成为自我激励的圣殿。